Nina Rötters

Handlettering & Illustrationen

# Brush Pens

CV

# Inhaltsverzeichnis

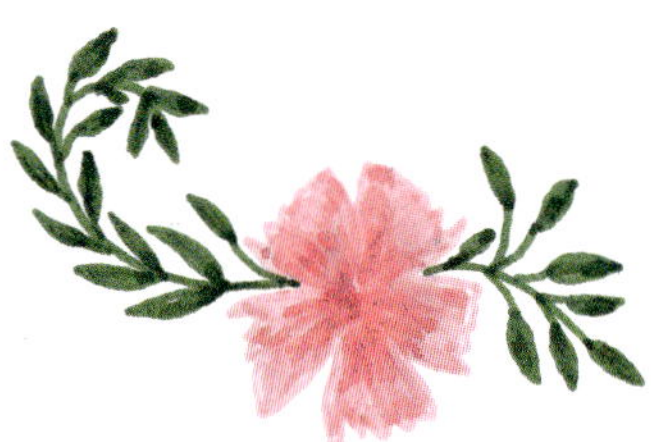

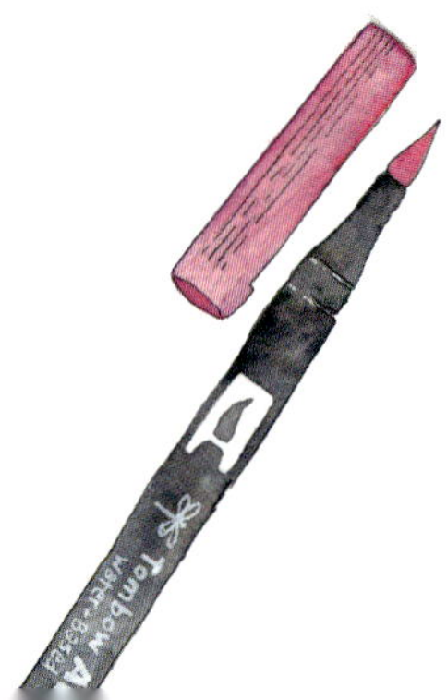


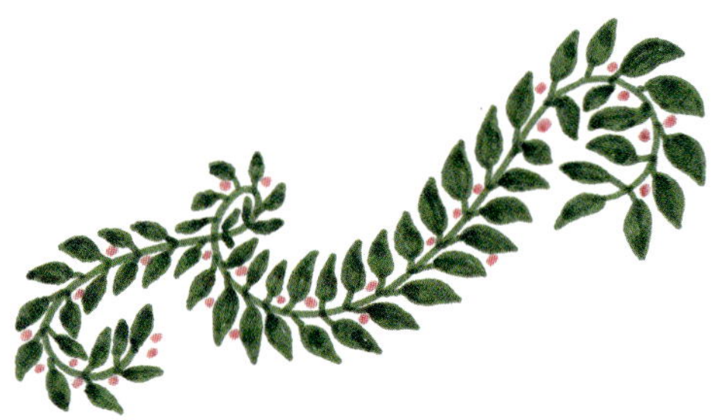

# Hey

Als ich vor knapp fünf Jahren das Thema Handlettering für mich entdeckte, bin ich auch auf Brush Pens aufmerksam geworden. Diese besonderen Stifte waren mir bis dato relativ unbekannt.
Ich hätte nie gedacht, dass diese Pinselstifte zu einem so wichtigen Bestandteil meiner kreativen Arbeit werden würden. Heute sind Brush Pens aus meinem Leben nicht mehr wegzudenken.
In diesem Buch möchte ich dir zeigen, was man alles Wunderbares mit Brush Pens gestalten kann.

Brush Pens sind enorm vielseitig! Mit ihnen kann man nicht nur schöne Handletterings erstellen, auch Watercolor-Illustrationen sind möglich.
In diesem Buch führe ich dich an das Lettering mit Brush Pens heran und zeige dir in einfachen Schritt-für-Schritt-Anleitungen, wie du viele tolle Projekte mit deinen Brush Pens gestalten kannst.

Am Anfang wird es dir wahrscheinlich schwer fallen, ein Brush Lettering anzufertigen. Ich verspreche dir aber, dass jedes weitere Bild noch besser werden wird, denn für das Lettern mit Brush Pens bedarf es ein wenig Übung. Das Schreiben mit diesen Stiften ist erst einmal ungewohnt und man muss sich an die unterschiedliche Druckverteilung auf die Spitze des Stiftes erst gewöhnen.

Das Wichtigste am kreativen Gestalten ist aber die Freude am Tun – der Rest kommt von ganz alleine! Einer meiner Lieblingssprüche passt da ganz gut: „Done is better than perfect!“

Ich wünsche dir viel Spaß beim Zeichnen, Malen und Lettern deiner Brush-Pen-Kunstwerke und hoffe, dich für weitere, eigene Kunstwerke mit den gezeigten Techniken inspirieren zu können.
Ich würde mich sehr freuen, wenn du mir deine Brush-Pen-Bilder auf Instagram zeigst:
Hashtag #Ninasbrushpenlettering.

P.S. Wenn du glaubst, dass man für schöne Handletterings eine fabelhafte Handschrift braucht, kann ich dich beruhigen ... ich habe auch keine. Du schaffst das!

Nina

# Material

Brush Pens oder auch Pinselstifte sind die Stars in diesem Buch. Was das Besondere an Brush Pens ist, welche Unterschiede es zwischen den einzelnen Brush-Pen-Arten gibt, welche Papiere besonders gut geeignet sind und was man sonst noch für Materialien benutzen kann, um tolle Handletterings und Illustrationen mit Brush Pens zu gestalten, erkläre ich dir auf den folgenden Seiten.

## Brush Pens

Brush Pens sehen auf den ersten Blick wie ganz normale Stifte aus. Betrachtest du die Spitze (auch Brush Tip oder Tip genannt) genauer, wirst du erkennen, dass diese keilförmig ist. Hältst du einen Brush Pen zum ersten Mal in der Hand und setzt den ersten Strich auf dein Papier, wirst du bemerken, dass die Spitze flexibel ist. Und genau das ist das Besondere an Brush Pens: Durch unterschiedliche Druckverteilung beim Schreiben oder Malen erhältst du feine oder breite Striche mit demselben Stift. Grundsätzlich solltest du bei der Wahl deiner Brush Pens überlegen, ob du lieber kleinere oder größere Letterings realisieren möchtest, denn: Je größer die Brush-Pen-Spitze ist, umso größer solltest du lettern, damit du ein schönes Ergebnis erhältst.

**Brush Pen ist nicht gleich Brush Pen!**
Brush Pens lassen sich grob in drei Arten unterscheiden. Diese Unterscheidung ergibt sich durch das Material, aus dem die Brush-Pen-Spitze hergestellt ist.

**1. Brush Pens mit Kunststoffspitze**
Diese Brush Pens werden oft auch Fude Pens genannt. Fude ist japanisch und bedeutet Pinsel. Fude Pens zählen zu den kleinen Brush Pens, da sie im Vergleich zu anderen Stiften eine kleine Spitze haben. Sie wird aus einem Polymer-Kunststoff hergestellt und ist extrem elastisch. Diese Stifte sind sehr robust und eignen sich deshalb auch besonders gut für den Einstieg in das Brush Lettering. Mittlerweile gibt es Fude Pens in vielen schönen Farben.

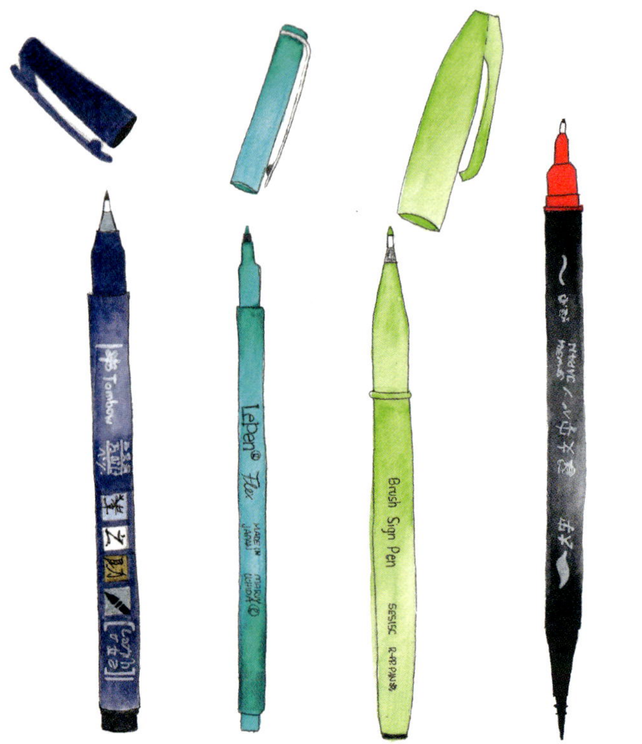

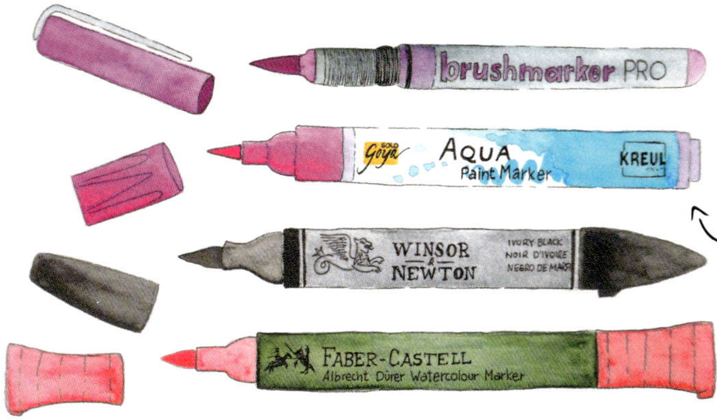


**2. Brush Pens mit Faserspitze**

Brush Pens mit Faserspitze findest du in sehr großer Auswahl im Fachhandel. Sie sind mit mittelgroßen bis sehr großen Spitzen erhältlich. Ihre Spitzen sind wie bei den Filzstiften, die du noch aus deiner Kindheit kennst, aus einzelnen Fasern zusammengesetzt. Einige dieser Brush Pens sind Hybridstifte. Das bedeutet, dass sie auf der einen Seite eine Pinselspitze besitzen und auf der anderen Seite mit einer kleinen (unflexiblen) Filzstift- oder Fineliner-Spitze ausgestattet sind. Das ist z. B. sehr praktisch für kleine Schmuckelemente oder Akzente in deinen Letterings.

Die Farben der meisten Brush Pens sind wasserbasiert, was bedeutet, dass sie sich hervorragend auch zum Aquarellieren eignen.

Natürlich gibt es, wie überall, auch Ausnahmen. Deswegen lohnt sich immer ein genauer Blick auf die Verpackung bzw. den Stift selbst. Steht dort „Pigment Ink“ oder „Permanent“ sind diese Farben nicht mit Wasser vermalbar.

**Anmerkung:** Eine weitere Besonderheit bilden Alkoholmarker. Diese sind ebenfalls als Brush Pens erhältlich. Alkoholmarker werden meist von Illustratoren und Designern verwendet. Die Techniken unterscheiden sich ebenso wie die zu verwendenden Papiere. Diese Brush Pens spielen in diesem Buch keine Rolle.

**Aquarellmarker**

Eine Untergruppe der Brush Pens mit Faserspitze bilden die Aquarellmarker. Sie unterscheiden sich von den anderen Brush Pens dadurch, dass ihre Farbabgabe wesentlich höher und die Spitzen meistens sehr groß sind. Malt man mit einem Aquarellmarker auf ein normales Blatt Papier, wird sich dieses sofort wellen bzw. die Farbe durch das Papier durchschlagen. Im Vergleich zu „normalen“ Brush Pens sind die Brush Tips der Aquarellmarker viel robuster und für das Malen und Lettern auf Aquarellpapier daher perfekt geeignet.

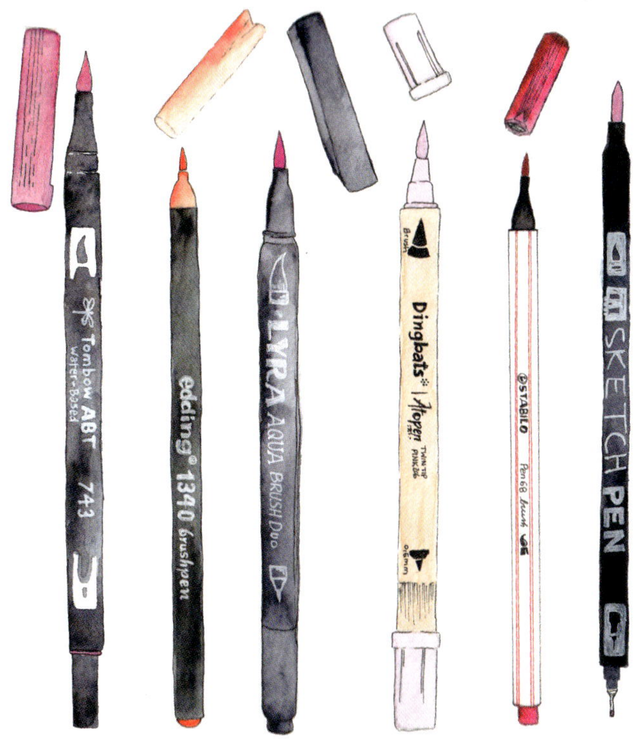

**3. Brush Pens mit echter Pinselspitze**

Brush Pens mit einer echten Pinselspitze, also einer Spitze, die aus einzelnen Haaren besteht, sind wesentlich seltener am Markt vertreten. Diese Brush Pens sind auf Grund der sehr großen Flexibilität ihrer Spitze sehr schwierig zu kontrollieren. Das Lettern mit diesen Stiften erfordert sehr viel Übung. Zum Malen und Aquarellieren eignen sie sich dennoch hervorragend.

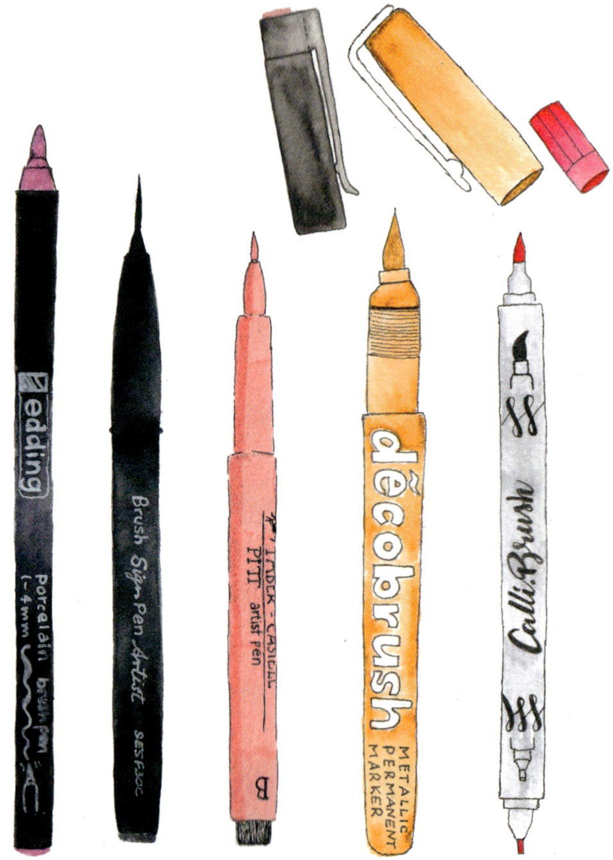


**Besondere Brush Pens**

Metallic Brush Pens

Brush Pens in Metallic-Farben eignen sich besonders gut für farbige Papiere. Auf schwarzem Papier entfalten sie dabei ihren Glanz besonders gut.

Brush Pens für Porzellan

Es muss nicht immer Papier sein! Auch auf Keramik und Porzellan kann man wunderbare Letterings anfertigen und so z. B. ganz individuelle Geschenke gestalten.

**GEHEIMTIPP: Sollte einmal eine Spitze ausgefranst sein, kannst du versuchen, die Spitze vorsichtig mit einer Pinzette aus dem Stift zu ziehen. Drehe sie um und stecke sie wieder vorsichtig in den Stift. So erhältst du bei deinem Brush Pen eine neue, perfekte Spitze. Das funktioniert aber nur bei einigen Modellen, versuche es einfach!**

# Papier

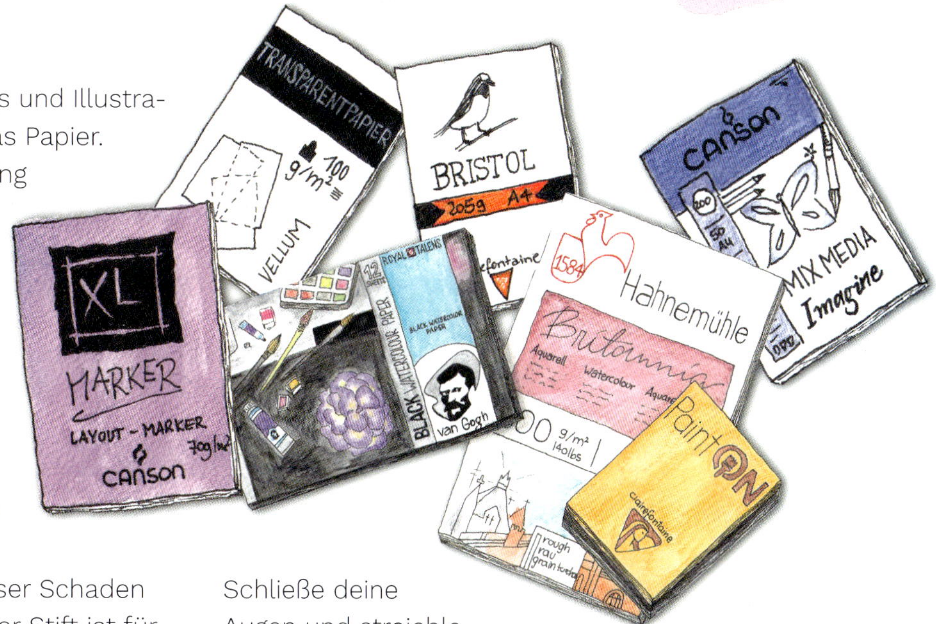


Die Grundlage für gelungene Letterings und Illustrationen mit Brush Pens ist natürlich das Papier. Da es in diesem Buch um Handlettering und Illustrationen mit Brush Pens geht und du (je nach Motiv) auch mit Wasser arbeiten wirst, ist die richtige Wahl des Papiers eine sehr wichtige Entscheidung, bevor du mit deinem Projekt überhaupt startest. Brush Pens mit Faserspitze sind oft sehr empfindlich. Ihre Spitze kann, wenn man sich für das falsche Papier entscheidet, sehr leicht ausfransen. Ist dies einmal passiert, lässt sich dieser Schaden nicht mehr rückgängig machen und der Stift ist für ein Brush Lettering unbrauchbar geworden, da man mit ihm keine feinen Aufstriche mehr ausführen kann. Eine Ausnahme sind spezielle Aquarellmarker, deren Faserspitze so robust ist, dass man mit ihnen auch auf rauem Aquarellpapier malen kann.

Da Brush Pens oft viel Farbe abgeben und, wie oben bereits erwähnt, sehr empfindlich sein können, brauchst du für deine Letterings und Illustrationen sogenanntes „**gestrichenes Papier**". Papier für Laserdrucker ist z. B. immer gestrichen. Manchmal steht auf dem Paper auch der englische Ausdruck „coated". Die Oberfläche der gestrichenen Papiere wird im Produktionsprozess mit Bindemittel eingestrichen, um sie zu verschließen. Dadurch bleiben die Farbpigmente genauso auf deinem Papier stehen, wie du sie aufgetragen hast. Nichts schlägt durch das Papier durch, „blutet" aus oder verläuft.

Findest du keinen Hinweis auf der Papierverpackung, gibt es einen einfachen Trick: Schließe deine Augen und streichle vorsichtig über das Papier. Es sollte sich ganz zart und glatt anfühlen.

Bist du dir nach dem Streicheltest immer noch nicht sicher, kannst du auch zu speziellem Marker- oder Bristol-Papier greifen. Diese Papiere sind meistens etwas teurer, die Anschaffung lohnt sich aber und du tust deinen Brush Pens damit auf jeden Fall einen Gefallen.

Bitte beachte, dass du auf diesen relativ dünnen Papieren nur sehr vorsichtig mit Wasser arbeiten kannst, da es sich sofort wellt oder sogar beschädigt wird. **Satinierte Aquarellpapiere** ohne Struktur oder glatte Mixed-Media-Papiere sind für den Einsatz von Wasser besser geeignet.

Es muss nicht immer weißes Papier sein! Versuche doch einmal, ein Projekt auf Transparentpapier (auch Vellum genannt) oder auf Kraftpapier zu realisieren. Der Effekt ist ganz besonders und dein Lettering wird ein wahrer Eyecatcher werden!

# Weitere Materialien

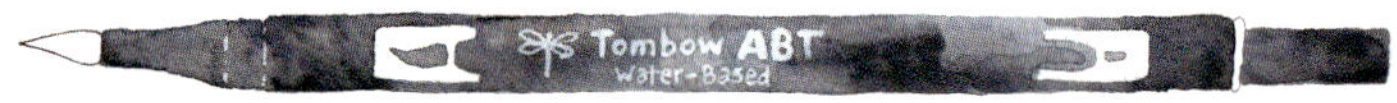


### Pinsel

Für die Illustrationen in diesem Buch reichen zwei Rundpinsel in kleiner und mittlerer Größe. Ein guter Pinsel sollte lange seine Form behalten, deshalb lohnt es sich, einen hochwertigen Aquarellpinsel zu kaufen.

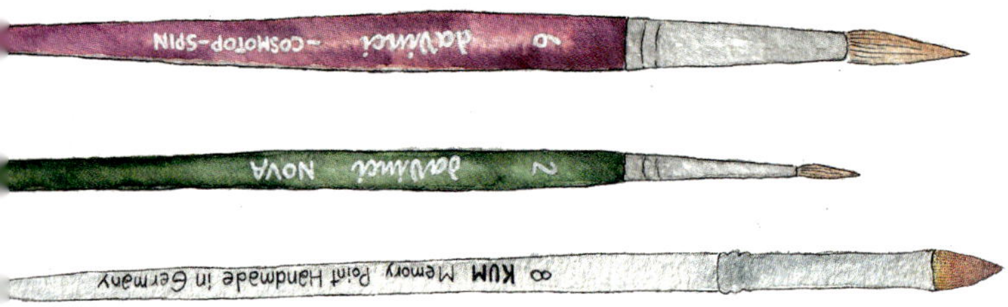


### Blender

Viele Hersteller von Brush Pens bieten spezielle Blender an. Dabei handelt es sich um einen Brush Pen mit klarer Flüssigkeit. Wer sich anfangs nicht traut, mit einem Pinsel an seine Letterings und Illustrationen heranzugehen, ist mit einem Blender auf der sicheren Seite.

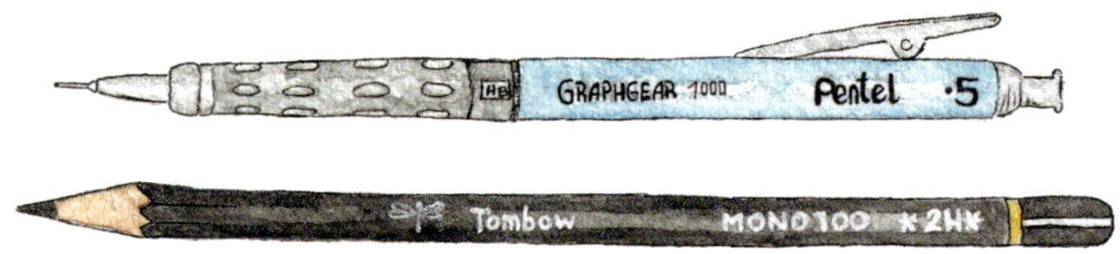


### Wassertankpinsel

Wassertankpinsel sind Pinsel mit einem eingebauten Wassertank. Das ist besonders praktisch für das Arbeiten unterwegs, da man keinen Wasserbehälter mitnehmen muss. Die vom Pinsel abgegebene Wassermenge kannst du durch Druck auf den Wassertank dosieren. Dies erlaubt detailliertes Arbeiten.
Für die Reinigung setzt du die verbliebene Farbe aus der Pinselspitze durch kräftigen Druck auf den Wassertank frei und streichst die Spitze dann auf einem Tuch ab.
Wassertankpinsel werden sowohl als Breit- als auch als Rundpinsel angeboten.

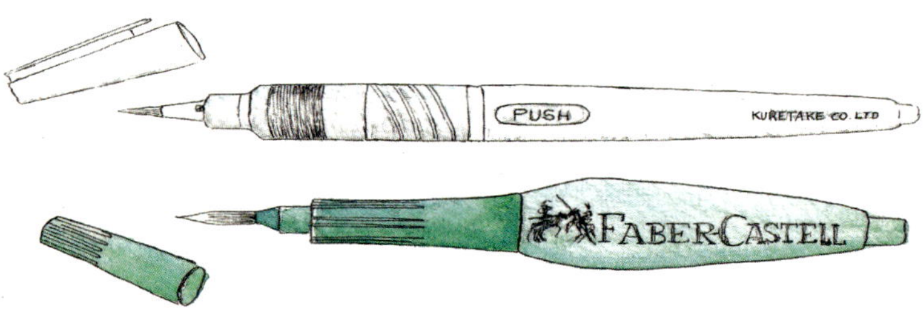


### Bleistift

HB-Bleistifte sind für deine Illustrationen und Handlettering-Vorzeichnungen perfekt. Sie lassen sich gut radieren und verschmieren auch nicht so stark, wenn du versehentlich mit der Hand einmal über deine Vorzeichnung wischen solltest. Mein persönlicher Favorit ist hierbei der Druckbleistift, da seine Mine immer gleich fein ist und man sich so das Anspitzen erspart.

### Fineliner

Fineliner oder auch Pigmentliner oder Tuschestifte werden in vielen unterschiedlichen Linienstärken und Farben angeboten. Für deine Arbeiten sollten sie wasserfest sein. Diese Angabe findest du in der Regel auf der Verpackung bzw. auf der Stiftseite selbst.
Die Angabe über die Strichbreite befindet sich meistens oben auf

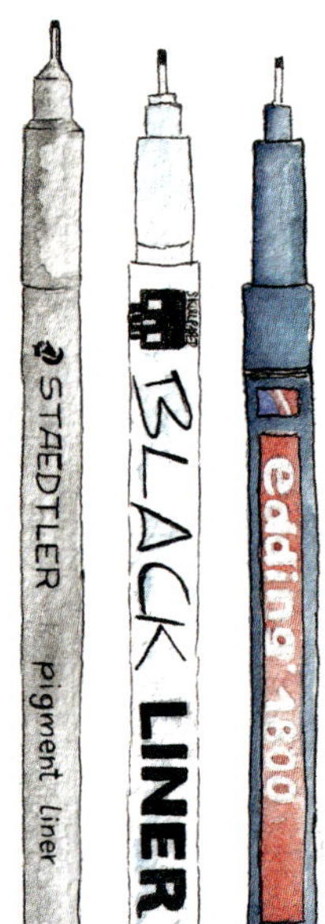

der Kappe. Sie reicht von 0,03 (ultrafein) bis 1,0 (dick). Die Fineliner, welche beispielsweise im Büro oder in der Schule verwendet werden, haben meistens eine Strichbreite von ca. 0,4.

**Radiergummi**

Ein guter Radiergummi ist sehr wichtig, um die Vorzeichnung wieder verschwinden zu lassen. Ich habe die besten Erfahrungen mit weichen Kunststoffradiergummis gemacht, denn harte Radiergummis enthalten oft Schleifmittel, die deine Vorzeichnung verschmieren oder das Papier beschädigen können. Mit Radiergummis in Stiftform kann man schon beim Vorzeichnen Linien korrigieren.

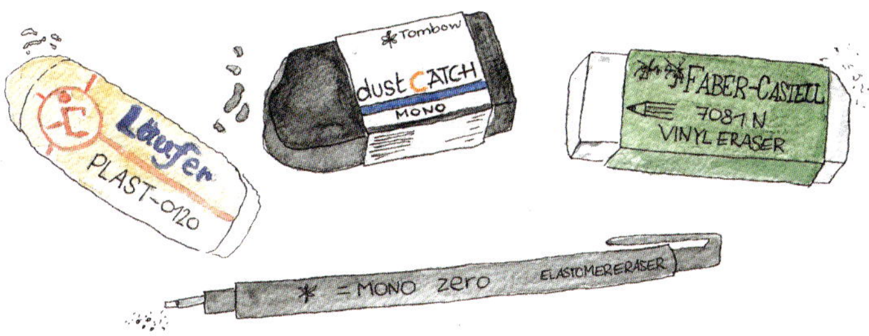


**Weißer Stift**

Mit einem weißen Stift lassen sich Lichtreflexe oder kleine Details auf Lettering auftragen. Hast du mit Wasser gearbeitet, warte bitte, bis dein Bild komplett trocken ist. Für deine Arbeit kannst du einen weißen Lackmarker, einen Acrylstift oder einen weißen Gelstift benutzen. Bei kleinen Patzern kannst du deinen weißen Stift für die Korrektur einsetzen. Weiße Stifte sind in unterschiedlichen Strichbreiten erhältlich.

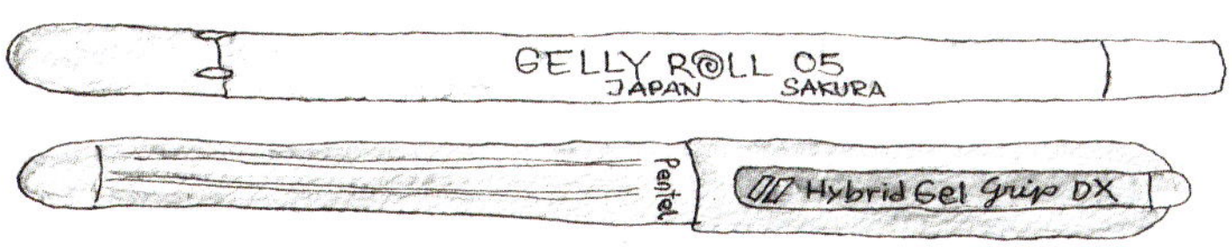


**Mischpalette**

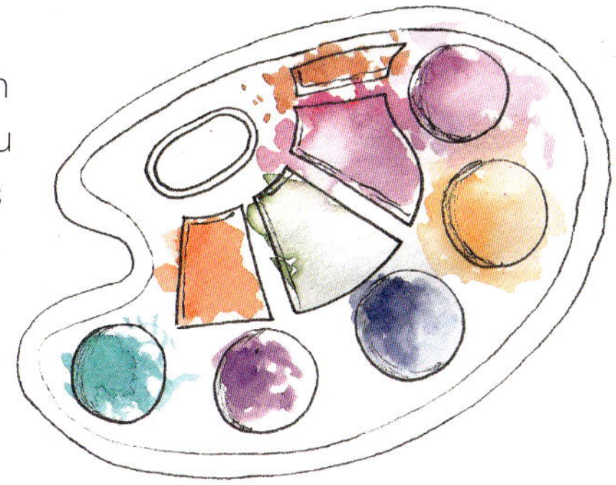

Markerpapiere vertragen grundsätzlich nicht allzu viel Wasser, daher ist es sinnvoll, sich seine Farben auf einer Mischpalette vorab anzulegen. Dazu malst du mit deinem Brush Pen auf deine Mischpalette und gibst mit dem Pinsel ganz wenig Wasser hinzu. Anschließend kannst du deine Farbe mit dem Pinsel aufnehmen und z.B. ein Blending auf deinem Lettering gestalten. Auch zum Mischen von Farben eignet sich die Mischpalette super. Wer keine Mischpalette hat, kann auch alternativ einen Teller oder ein Stück festere Folie benutzen. Die Farben sind wasserlöslich und hinterlassen daher keine Rückstände auf dem Teller.

**Geodreieck & Zirkel**

Manche Letterings haben ein exakt angelegtes Layout. Es ist daher besser, vorher mit dem Bleistift, Geodreieck und dem Zirkel das Layout vorzuzeichnen, damit man sich an die vorgegebenen Formen halten kann. Das Lettering gelingt damit einfach exakter und wirkt in sich stimmiger.

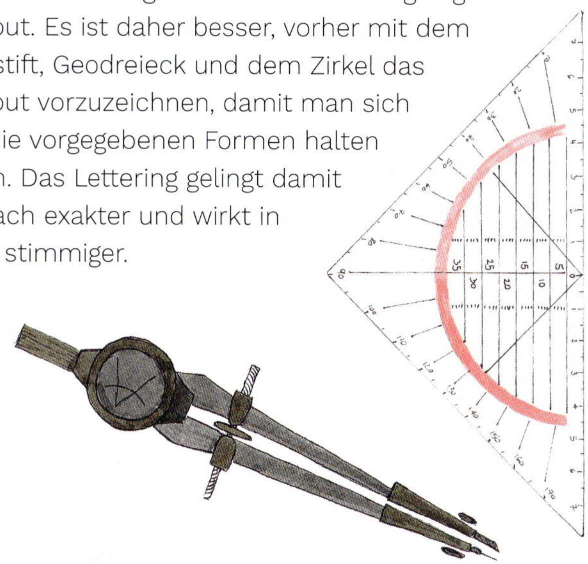

# Techniken

## Handlettering

Handlettering oder auch Lettering ist mittlerweile zu einem Oberbegriff für sehr viele unterschiedliche Formen von schönen Schriften geworden.
Doch so ganz richtig ist das nicht. Lettering bezeichnet ursprünglich die Beschriftung von Sprechblasen in Comics bzw. das visuelle Gestalten von Geräuschen oder Zuständen: Ein „BOOM!“ als Ausdruck für einen lauten Knall hat sicher jeder schon einmal gesehen.
Handletterings findet man aktuell überall. Auf Postkarten, Tafeln, Home-Deko, Textilien usw. Es muss also nicht immer Papier sein.
Handlettering bezeichnet das Gestalten von schönen Buchstaben, die dann zu einem dekorativen und lesbaren Gesamtbild kombiniert werden. Weitere Begrifflichkeiten werden im gleichen Atemzug gerne genannt: Brush Lettering, Fake Calligraphy oder auch das Bounce Lettering. Alle diese Letteringformen kann man als Unterformen bzw. Arten des Handletterings bezeichnen.

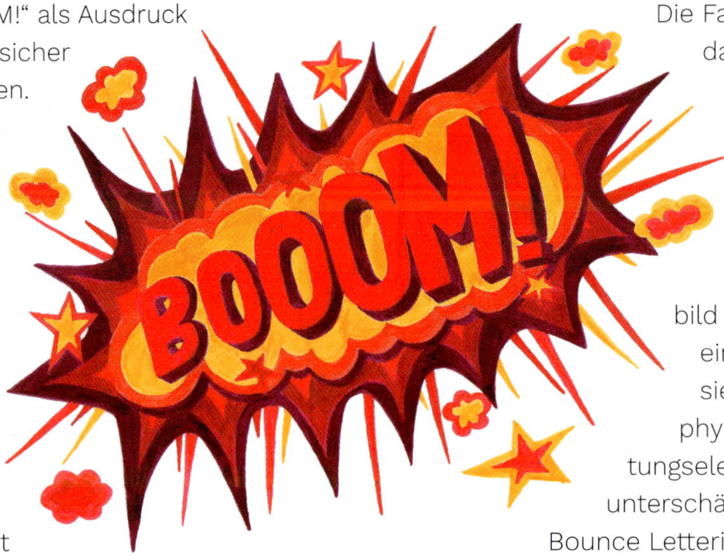


Brush Lettering nennt man das Schreiben mit einem Pinsel bzw. Brush Pen. Das besondere an einem Brush Lettering ist, dass durch die unterschiedliche Druckverteilung auf den Stift beim Schreiben die Strichstärken der Schrift variieren und diese dadurch sehr elegant erscheint.
Die Fake Calligraphy ahmt das Brush Lettering nach. In mehreren Schritten werden die unterschiedlichen Strichstärken gezeichnet, sodass am Ende ein Schriftbild entsteht, welches wie ein Brush Lettering aussieht. Die Fake Calligraphy ist ein tolles Gestaltungselement und sollte nicht unterschätzt werden.
Bounce Lettering bedeutet, dass die Buchstaben über die Grundlinie hinaus geschrieben werden und daher zu hüpfen (engl. to bounce) scheinen. Die Schrift erscheint sehr fröhlich und dynamisch.
Wie man diese einzelnen Techniken ausführt, erkläre ich dir in diesem Grundlagenkapitel.

# Fake Calligraphy

Ein guter Einstieg in das Brush Lettering ist die Fake Calligraphy, auch Faux Calligraphy oder falsche Kalligrafie genannt, als eine Schrift, die nur vortäuscht, ein Brush Lettering zu sein.
Besonders am Anfang, wenn es mit dem Brush Lettering in einem Zug noch nicht so gut funktioniert, oder auf Materialien, auf denen man nicht mit Brush Pens schreiben kann, bietet sich diese Art des Handletterings besonders an. Du kannst dir an der Fake Calligraphy gut verdeutlichen, wo du künftig mehr Druck auf deinen Brush Pen ausüben musst, damit du einen breiteren Strich erhältst.

In drei einfachen Schritten ans Ziel:
**1.** Schreibe dein Wort mit einem Bleistift in Schreibschrift auf dein Papier. Achte darauf, dass du nicht zu eng schreibst, denn du benötigst noch Platz für die weiteren Schritte. Die Zwischenräume der Buchstaben e, l, a, o usw. sollten ebenfalls etwas größer ausfallen.

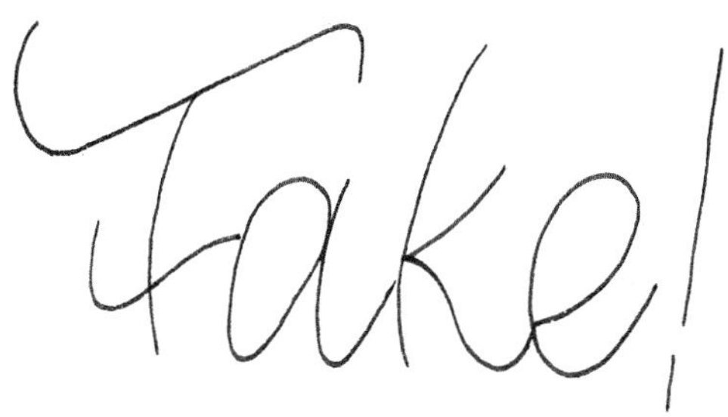


**2.** Jetzt fährst du dein Wort mit deinem Bleistift nach und achtest auf den Richtungsverlauf der Linien. Aufwärts geschriebene Linien bleiben unangetastet. Sobald du an einen Scheitelpunkt gelangst, also die Richtung von aufwärts nach abwärts änderst, verbreiterst du die geschriebene Linie parallel zur ursprünglich geschriebenen Linie. Dabei ist es völlig unerheblich, ob du die Verbreiterung rechts oder links von der ursprünglichen Linie zeichnest, es wird im Endergebnis nicht auffallen. Bei geraden Buchstaben, wie beim „t“ entsteht oben eine Lücke. Diese schließt du einfach mit einer waagerechten Linie. Achte darauf, nicht über den Scheitelpunkt, an dem sich die Richtung wieder von abwärts zu aufwärts ändert, hinaus zu zeichnen.

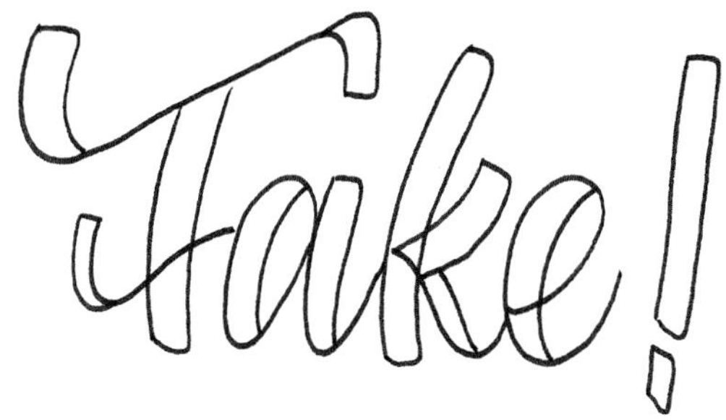


**3.** Fülle die nun entstandenen Zwischenräume. Du kannst sie mit einem Farbverlauf versehen oder ein hübsches Muster hineinzeichnen. Zum Schluss entfernst du vorsichtig deine Bleistiftvorzeichnung mit dem Radiergummi.

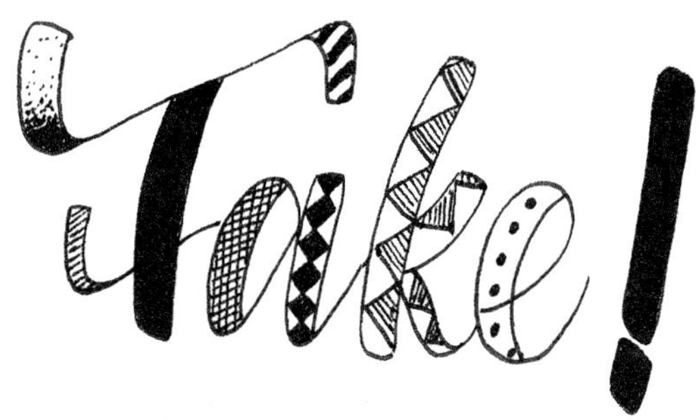

# Brush Lettering

Bei der Fake Calligraphy hast du gelernt, dass alle Abstriche deiner Schrift verbreitert werden. Diesen Schritt führst du mit deinem Brush Pen in einem Schritt aus, indem du alle Abstriche mit Druck auf den Stift ausübst. Aufstriche führst du ohne Druck aus und erzeugst somit dünne Linien.

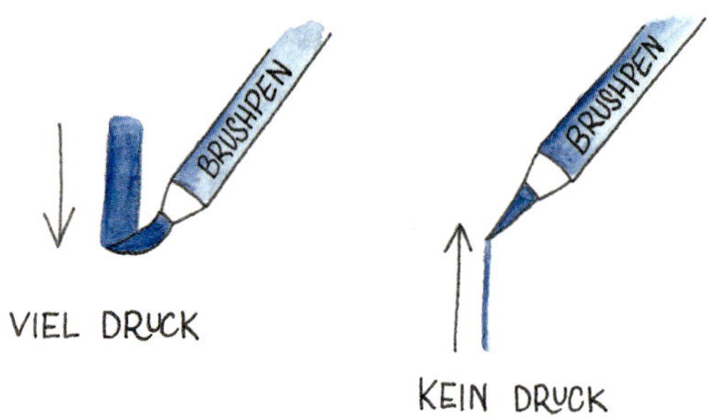


Die richtige Stifthaltung ist besonders wichtig. Hältst du deinen Stift parallel zur rechten bzw. linken Blattkante, wirst du keinen breiten Abstrich auf das Papier bringen können, da du, wenn du Druck ausübst, die gesamte Breite der Stiftspitze nicht ausnutzen kannst. Drehst du allerdings den Stift so, dass er parallel zur oberen bzw. unteren Blattkante steht, kannst du die gesamte Breite deiner Spitze nutzen und dein Abstrich wird schön breit.

Achte außerdem darauf, dass der Stift nicht zu steil auf das Papier aufgesetzt wird. Die einzelnen Fasern der Spitze werden durch den Druck zu sehr strapaziert und die Spitze wird dann schnell beschädigt. Ein Winkel von ca. 45 Grad ist optimal.

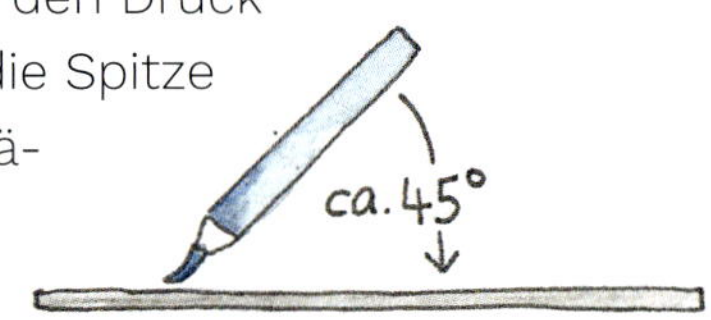


Am besten startest du vorab mit einfachen Schwungübungen, um dich mit deinem Brush Pen vertraut zu machen. Achte auf deine Stifthaltung und versuche, alle Übungen so langsam wie möglich auszuführen. Auch wenn die Linien am Anfang etwas wackelig erscheinen, wirst du schnell tolle Ergebnisse erzielen.

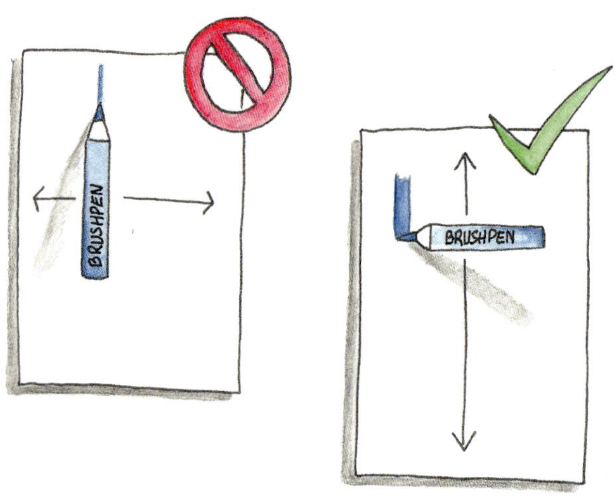


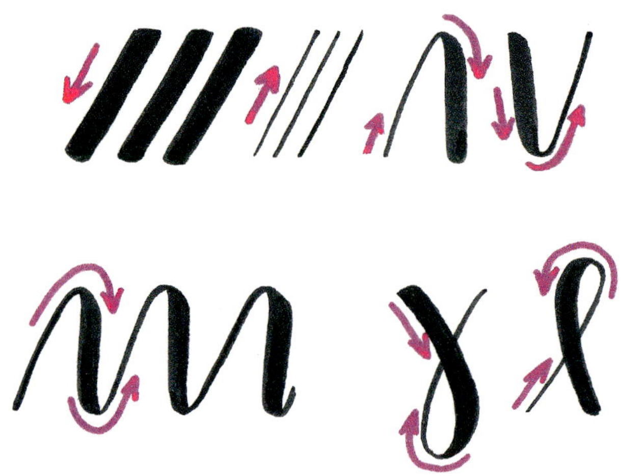

# Bounce Lettering

Normalerweise orientieren wir uns beim Schreiben ganz automatisch an einem Liniensystem, welches wir bereits in der Grundschule verinnerlicht haben. Wir benötigen es nicht mehr zum Schreiben, da wir gelernt haben, wie hoch die kleinen Buchstaben sein müssen und wie im Verhältnis dazu die Oberlängen und Unterlängen ausfallen müssen. Die Kinder lernen das heute mit einem kleinen Haus. Die Oberlängen (k, t, l usw.) werden bis ins Dach hineingeschrieben, die Unterlängen (g, p, q usw.) bis in den Keller.

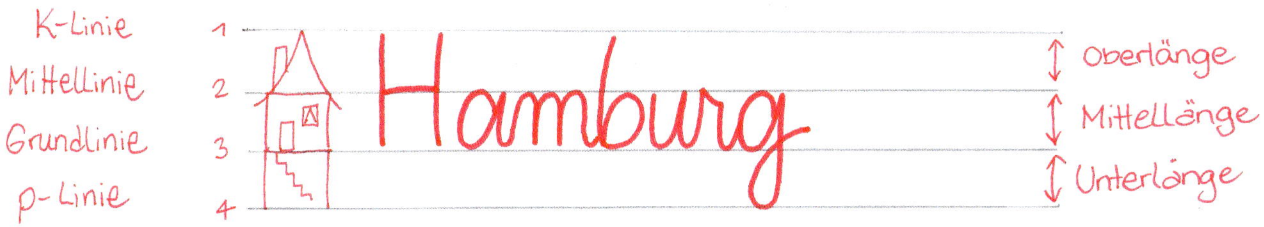


Wir schreiben immer auf der Grundlinie, damit die Schrift regelmäßig und gut lesbar ist.

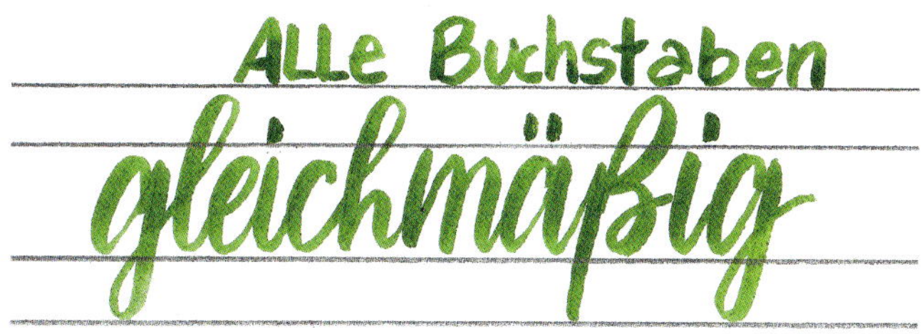


Das Fabelhafte beim Bounce Lettering ist, dass wir nicht wie in der Grundschule immer auf der Grundlinie schreiben müssen. Wir können die Buchstaben hüpfen und tanzen lassen und verleihen ihnen damit eine schöne Dynamik. Die Schrift wirkt so gleich fröhlich und locker-leicht.

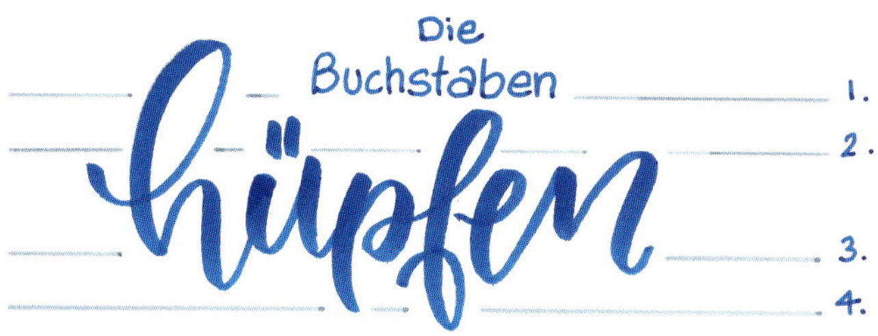


Beim Bounce Lettering solltest du darauf achten, dass alle Basisstriche immer den gleichen Winkel einhalten, sonst wirkt es sehr unruhig und dein Lettering erscheint so, als würde es wie ein Altbau bald in sich zusammenbrechen.
Es sieht immer gut aus, wenn die Verlängerungen nur „in den Keller“ hinab ausgeführt werden … Lässt du die Buchstaben zusätzlich auch nach oben steigen, wirkt das unruhig.

# Blending

Blendings lassen Letterings leuchten. Der Begriff kommt aus dem Englischen und bedeutet nichts anderes, als dass zwei Farben so miteinander vermischt werden, dass ein fließender, weicher Übergang entsteht. Es gibt verschiedene Möglichkeiten, deinen Buchstaben einen schönen Farbverlauf zu verleihen.

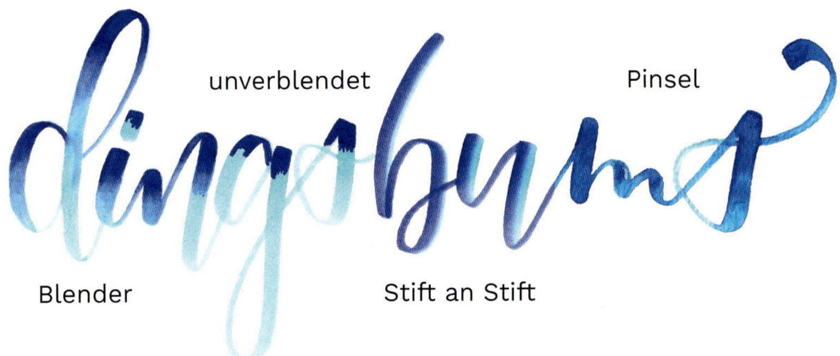


### 1. Stift an Stift

Mit dieser Methode kannst du sehr einfach vertikale Blendings in deine Buchstaben zaubern. Hierfür wählst du am besten zwei Farben aus derselben Farbfamilie, es sollte allerdings ein Kontrast vorhanden sein. Für mein Beispiel habe ich mich für Rosa und Violett entschieden.
Halte den dunkleren Stift mit der Spitze nach unten. Nun berührst du mit der Spitze des hellen Brush Pens für drei bis vier Sekunden die Spitze des dunkleren Stifts.

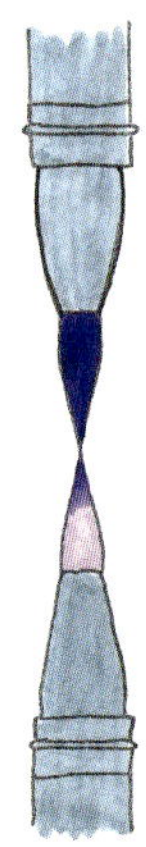

Die dunkle Farbe fließt nun in die Spitze des hellen Brush Pen. Je länger du die dunkle Farbe in den hellen Brush Pen fließen lässt, umso länger schreibt dein heller Stift auch mit der gemischten Farbe.
Jetzt kannst du mit deinem Lettering beginnen. Die dunkle Farbe schreibt sich nach und nach aus dem hellen Stift heraus. Du brauchst also keine Angst zu haben, dass dein Stift durch diese Methode leidet.

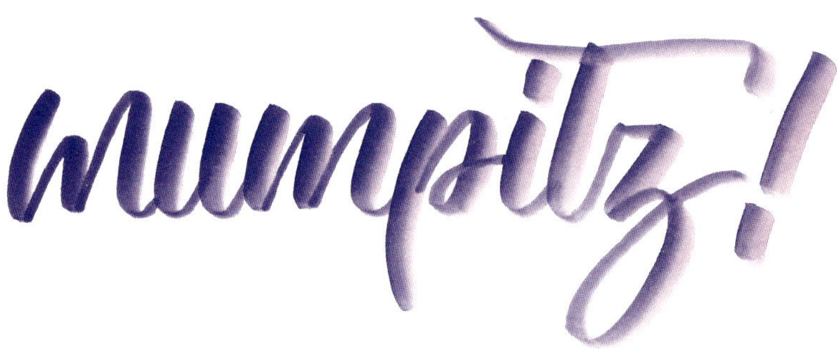

**2. Blender & Pinsel**

Bei dieser Technik verleihst du jedem Buchstaben einzeln einen zarten Farbverlauf.
Wähle zwei (oder mehrere) miteinander harmonierende Farben aus. Schreibe dein Lettering mit dem hellen Stift.
Mit dem dunkleren Stift malst du nun oben, unten oder in der Mitte eine kleine Farbfläche in deinen Buchstaben.
Anschließend ziehst du die dunkle Farbe entweder mit einem Blender oder mit einem angefeuchteten Pinsel in die helle Farbe.
Achte darauf, dass dein Papier Wasser verträgt, wenn du mit dem Pinsel arbeitest.

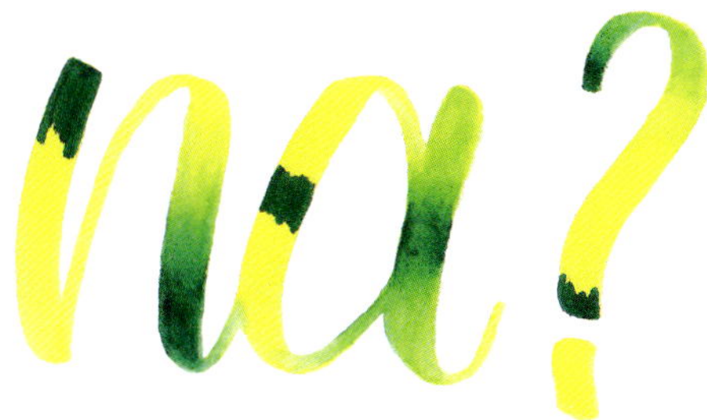


**TIPP:** **Ich arbeite mich immer Buchstabe für Buchstabe vor, da sich frisch aufgetragene Farbe in der Regel besser verblenden lässt als bereits komplett getrocknete Pigmente.**

**3. Dip Blending**

Wenn dein Lettering einen Farbverlauf in sich erhalten soll, tauche (engl. to dip = eintauchen) deinen Stift doch einmal in flüssige Aquarellfarbe. Dein Stift nimmt mit der kompletten Spitze die Farbe auf und du erhältst einen Farbverlauf über dein gesamtes Lettering mit sehr vielen unterschiedlichen Farbtönen. Diese Technik funktioniert besonders gut mit Fude Pens. Auch hier schreiben sich deine „getauchten“ Stifte mit der Zeit wieder sauber.

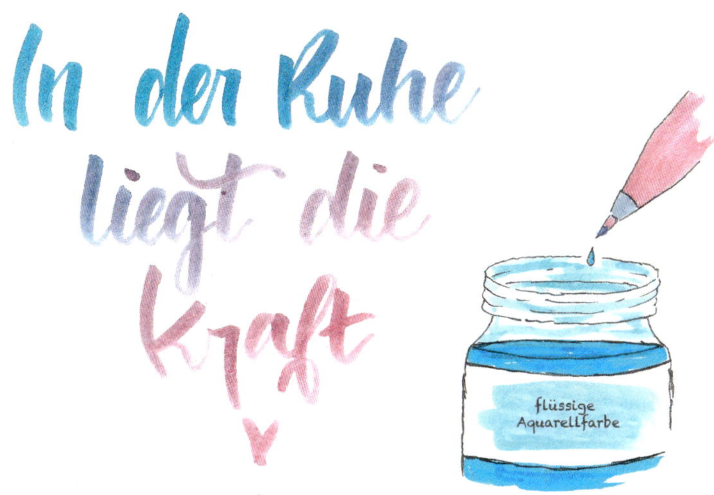


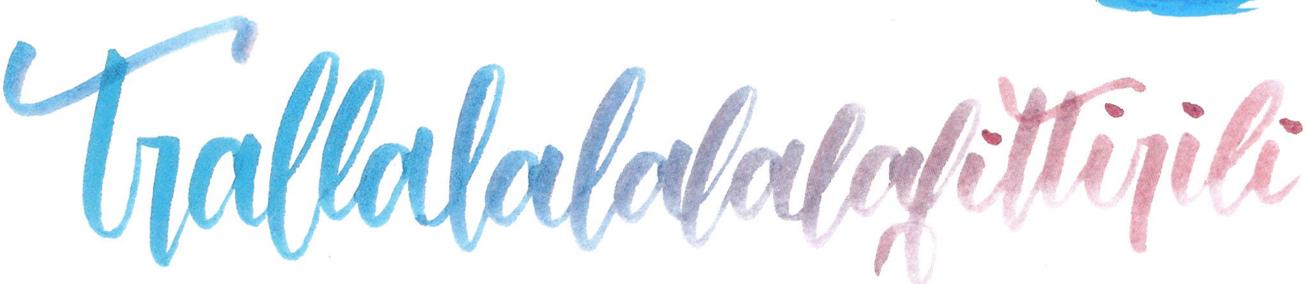

# Layout und Transfertechnik

Nicht nur die schön geletterten Buchstaben machen ein ausdrucksstarkes Handlettering aus, sondern auch das Layout. Ein gutes Layout für dein Handlettering zu finden, ist gar nicht so schwer. Ich gebe dir in diesem Abschnitt ein paar Tipps, wie du die Worte am einfachsten arrangieren kannst, damit dein Handlettering gut zur Geltung kommt. Bevor du also loslegst, solltest du dir folgende Gedanken machen:

1. Gibt es in deinem Text, den du lettern möchtest, Worte, die besonders wichtig für die Aussage sind und die du daher hervorheben möchtest?
2. Welche Form soll das Lettering haben?
3. Möchtest du Schmuckelemente hinzufügen, die deine Aussage unterstützen?

Das einfachste Layout für den Anfang ist das zentrierte Layout. Hier orientieren sich die Worte an einer senkrechten Achse und werden an dieser angeordnet. Eine waagerechte Achse ist nicht nötig, da unsere Leserichtung immer von oben nach unten verläuft. Es bietet sich an, vorab eine kleine Skizze anzufertigen, um die Wirkung des Letterings zu prüfen, denn es ist wirklich frustrierend, wenn man ein aufwendiges Lettering anfertigt und hinterher sieht, dass es irgendwie krumm und schief ist und einfach nicht wirkt.

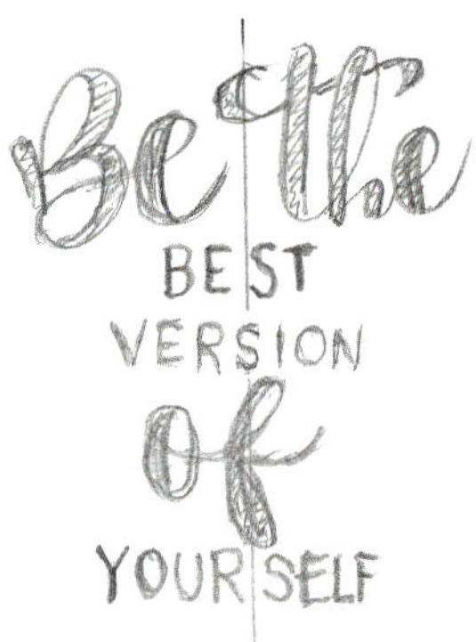


Alle Worte sind zentriert angeordnet, jedoch liegt der Fokus auf den unwichtigen Worten, das sieht nicht gut aus!

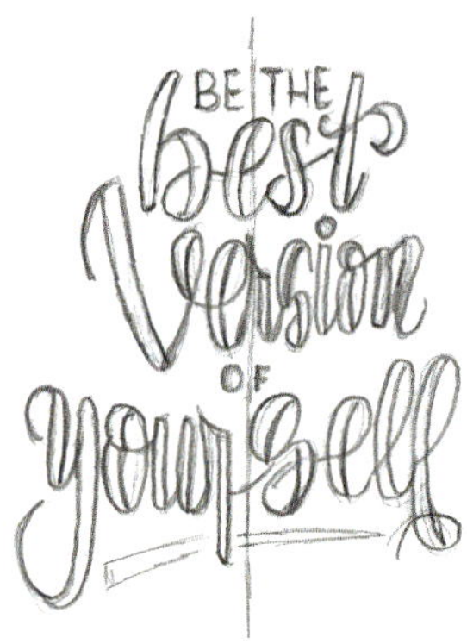


Alle wichtigen Worte sind betont, die unwichtigen Worte treten in den Hintergrund, sind jedoch noch gut lesbar.

Eine weitere Möglichkeit ist, dass du dir vorab ein Layout mithilfe von Boxen und Formen skizzierst. So kannst du vorher schon sehen, wie das Lettering wirken könnte.

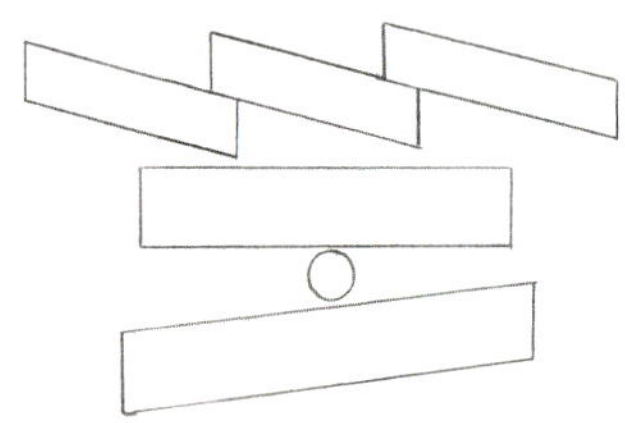

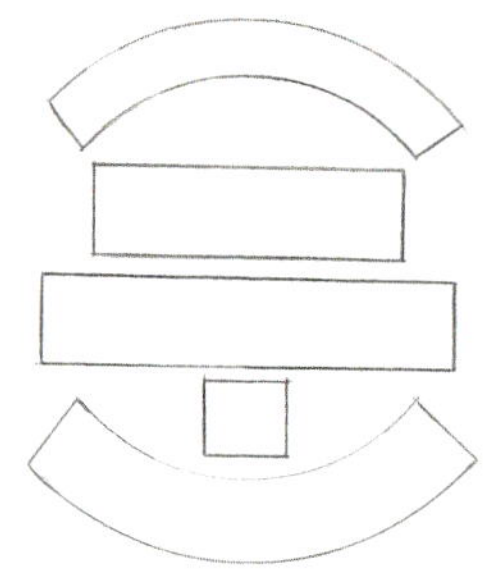

Im zweiten Schritt kannst du dein Lettering in den Boxen platzieren. Die Boxen können später z. B. auch als Banner genutzt werden. Möchtest du das nicht, radierst du deine Skizze nach der Fertigstellung einfach weg.

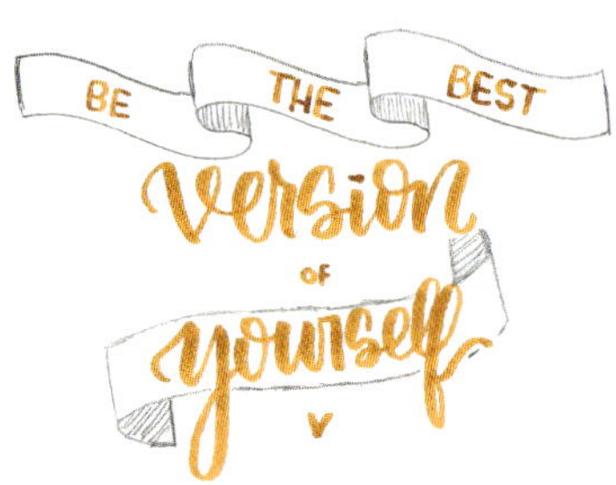


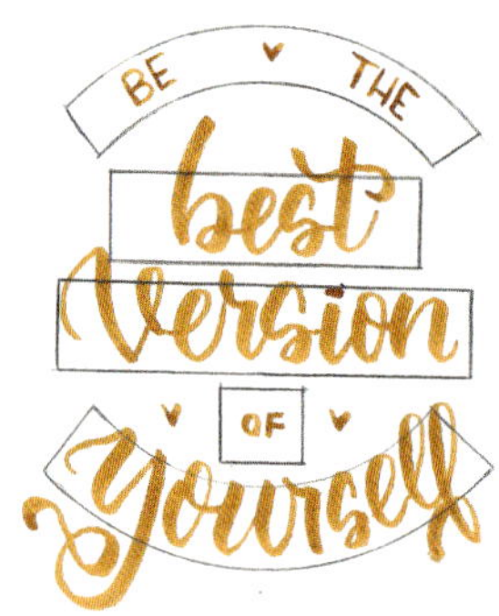

Eine weitere Möglichkeit, um ein Lettering in Form zu bringen, ist das Lettern in einer Form.
Zeichne dir ein Rechteck oder einen Kreis mit Bleistift auf dein Papier und schreibe deine Buchstaben innerhalb dieser Form.

Sollte dies einmal nicht zu 100 % funktionieren, kannst du die Form mit kleinen Elementen, wie z. B. Pünktchen oder Herzen auffüllen.
Wichtig ist, dass du deinem Lettering eine „gute Gestalt" verleihst.

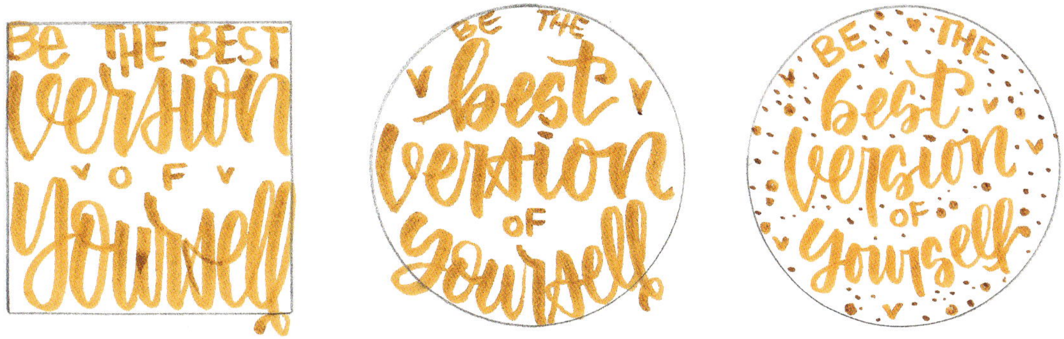


**Transfertechnik**

Auf manchen Untergründen kann man nicht sehr gut vorzeichnen. Schwarzes Papier z. B. leidet, wenn man zu viel darauf radiert ... Es bleiben immer unschöne Spuren der korrigierten Vorzeichnung übrig.
Auch auf glatten Untergründen, wie z. B. Porzellan ist Vorzeichnen auf Grund der Krümmung schwierig.
Hierfür nutze ich gerne eine einfache Transfertechnik:

1. Bringe dein Lettering zu Papier. Es sollte von der Größe her natürlich auf dein Zielpapier bzw. die Tasse oder den Teller passen.
2. Drehe dein Blatt um und schraffiere die Rückseite mit einem weichen Bleistift.
3. Platziere dein Lettering mit der Grafitseite nach unten auf deinem dunklen Papier bzw. fixiere es mit ein wenig Klebeband auf deiner Tasse.
4. Zeichne die Umrisse deines Letterings mit einem harten Bleistift nach. Achte darauf, dass du das Papier nicht mit deinem Stift durchstößt.
5. Entferne deine Vorlage. Voila: Du hast dein Lettering als exakte Kopie auf deinem Zielobjekt platziert.
6. Jetzt kannst du deinem Lettering mit deinen Brush Pens Farbe verleihen.

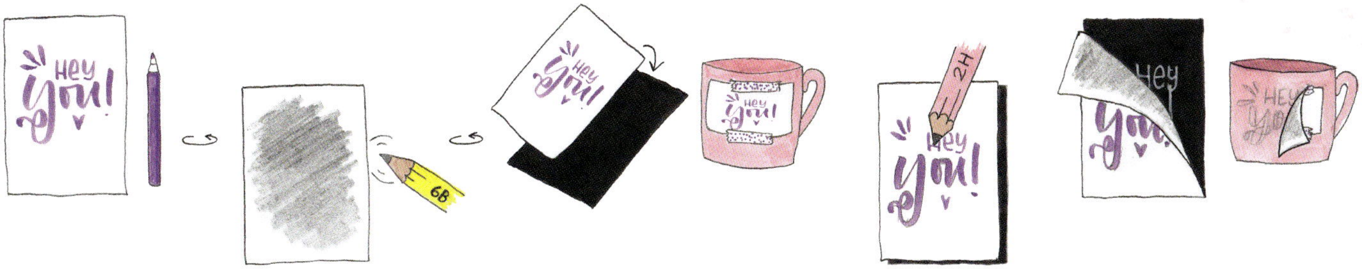

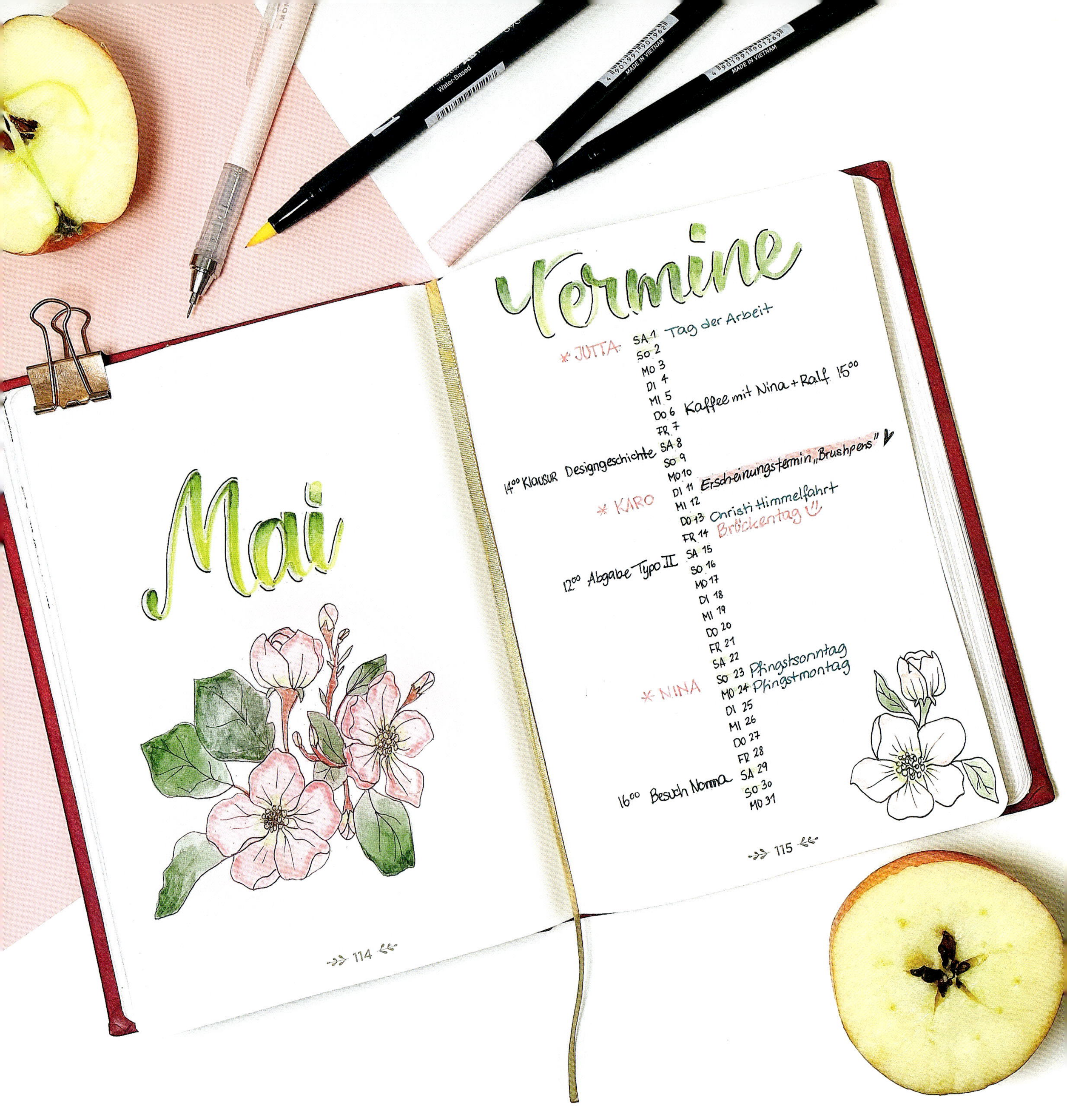
Mai
114
Termine
SA 1 Tag der Arbeit
* JUTTA
SO 2
MO 3
DI 4
MI 5
DO 6 Kaffee mit Nina + Ralf 15⁰⁰
FR 7
SA 8
SO 9
14⁰⁰ Klausur Designgeschichte
MO 10 Erscheinungstermin „Brushpens"
DI 11
* KARO
MI 12 Christi Himmelfahrt
DO 13
FR 14 Brückentag
SA 15
12⁰⁰ Abgabe Typo II
SO 16
MO 17
DI 18
MI 19
DO 20
FR 21
SA 22
SO 23 Pfingstsonntag
* NINA
MO 24 Pfingstmontag
DI 25
MI 26
DO 27
FR 28
SA 29
16⁰⁰ Besuch Norma
SO 30
MO 31
115

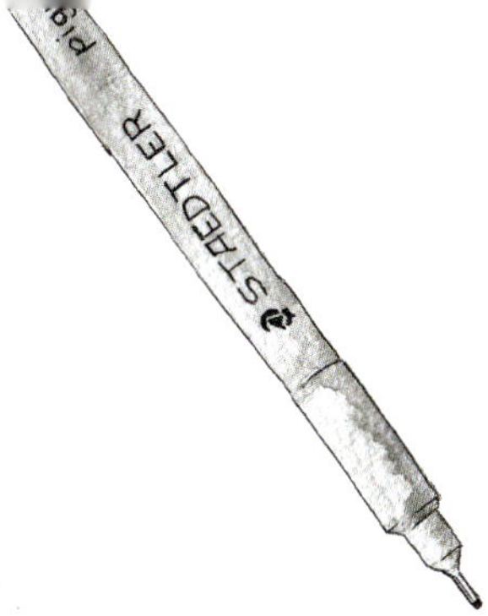


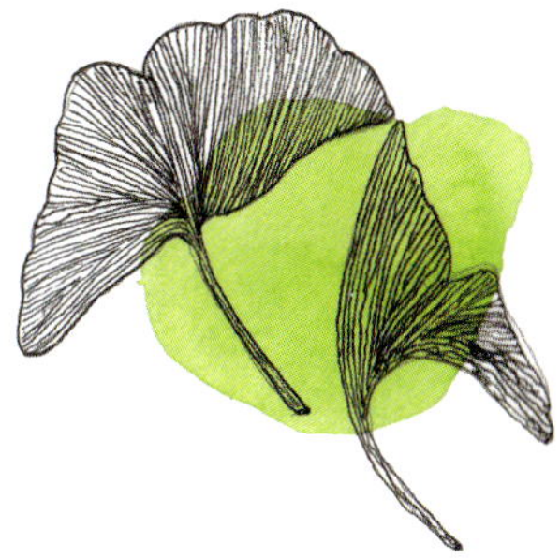

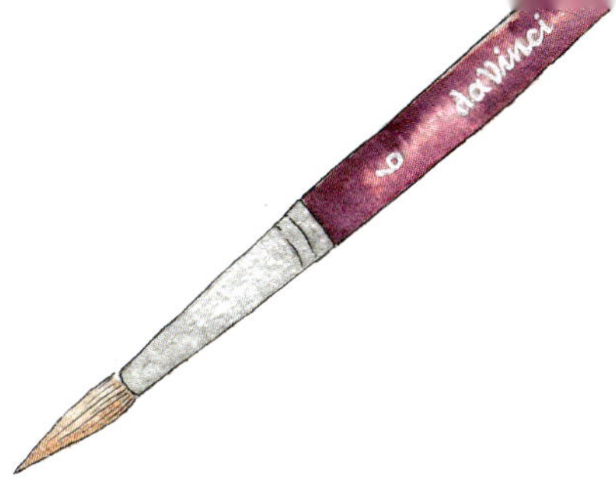


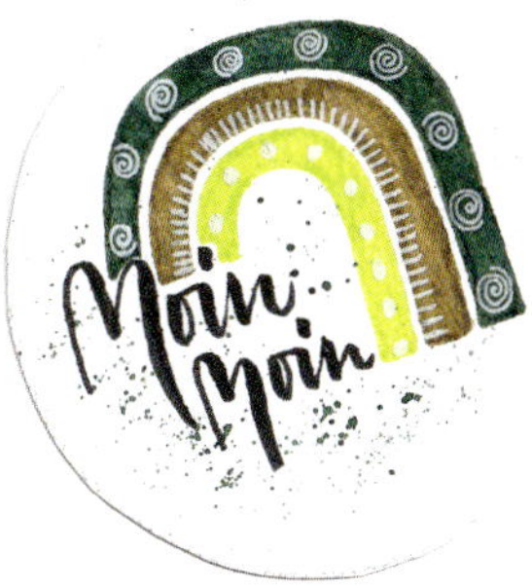


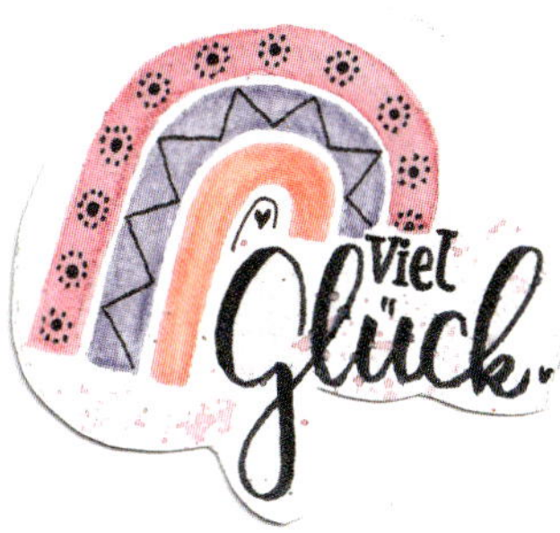


# Motive

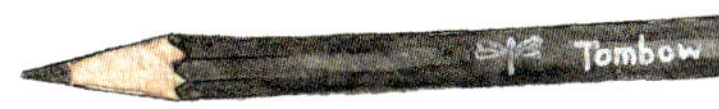


Nachdem du jetzt ganz viel über Brush Pens, Blending-Techniken und Layouts gelesen hast, wird es Zeit, dass wir den Stift in die Hand nehmen und uns an die Projekte wagen. In diesem Teil findest du viele Motive und Letterings für unterschiedliche Gelegenheiten. In den detaillierten Schritt-für-Schritt-Anleitungen findest du alle Informationen, damit dir das jeweilige Projekt auch garantiert gelingt. Viel Spaß!

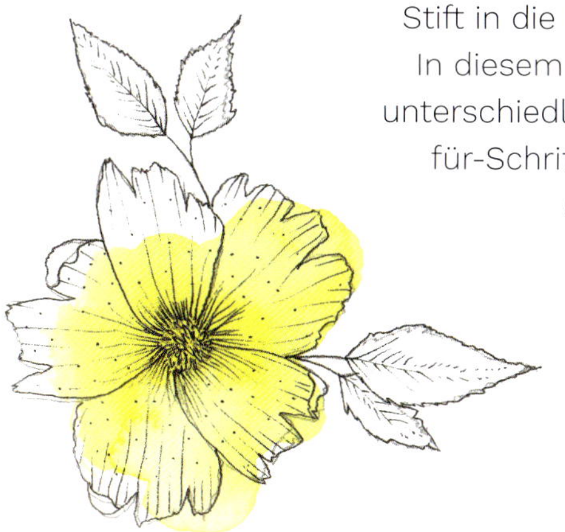

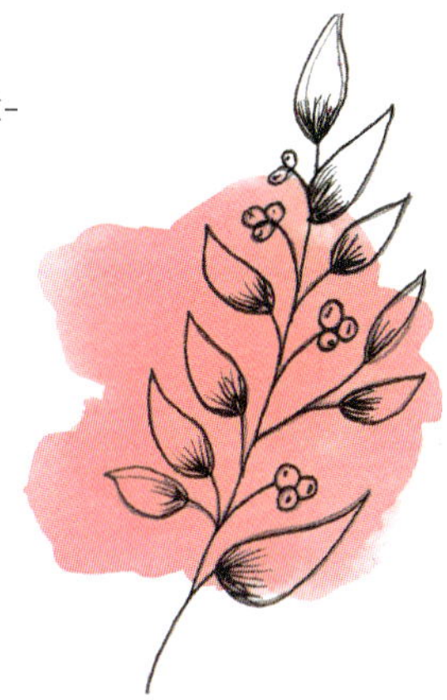

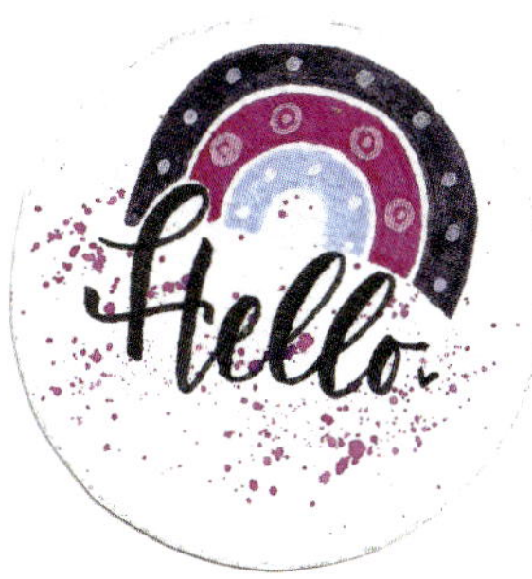


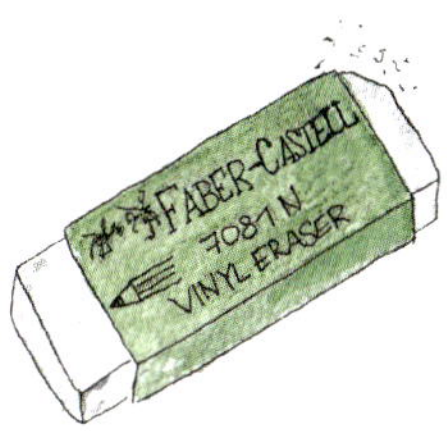


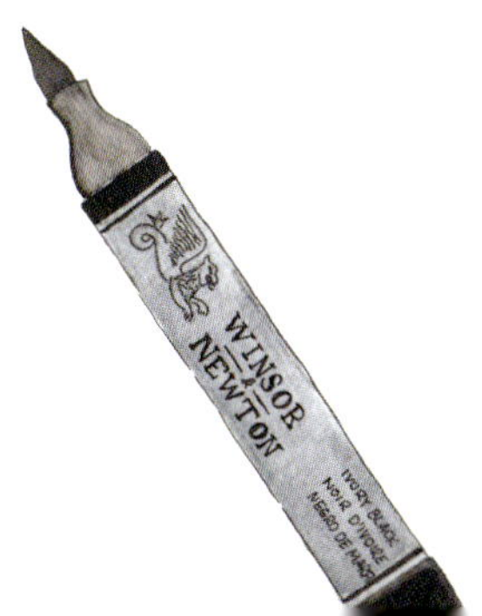

# 3D-Lettering

Ein Lettering mit 3D-Effekt zu erstellen, ist ziemlich aufwendig, aber die Mühe lohnt sich auf jeden Fall, denn am Ende sieht es so aus, als würde sich dein Schriftzug von deinem Blatt geradezu emporheben. Ein wirklich cooler Effekt!

## Du brauchst:

- **Markerpapier**
- **Brush Pens, mittelgroß, in Blassgrau, Gelb, Pink, Hellviolett, Dunkelviolett, Grau**
- **Blending Pen oder feiner Pinsel**
- **Bleistift**
- **Geodreieck**
- **Radiergummi**

## So geht's:

1. Schreibe dein Lettering mit einem blassgrauen Brush Pen auf dein Blatt. Die helle Farbe dient nur der Orientierung für das Blending, welches du im nächsten Schritt anlegen wirst.

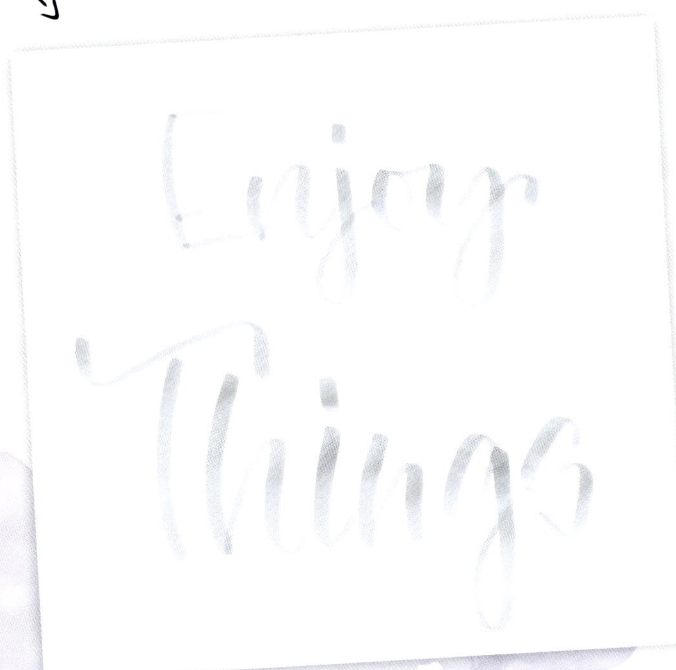

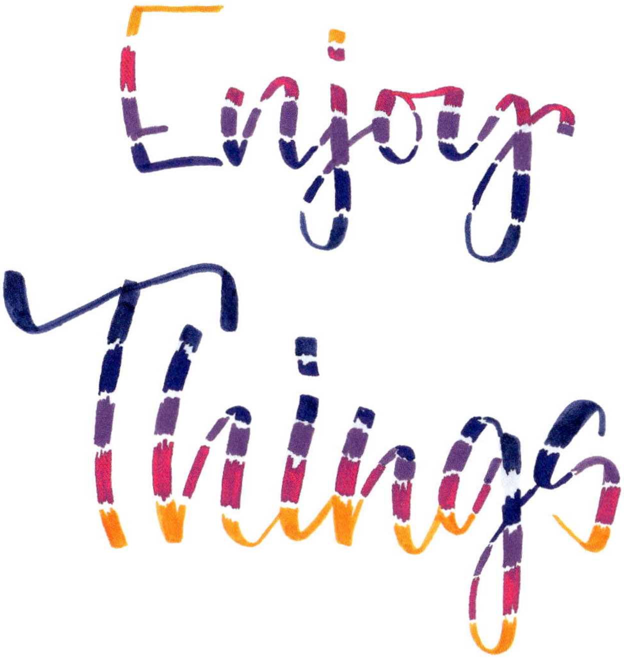


2. Koloriere deine Buchstaben in den unterschiedlichen Farben. Achte darauf, dass sich die Farben horizontal relativ gleichmäßig über das Lettering verteilen.

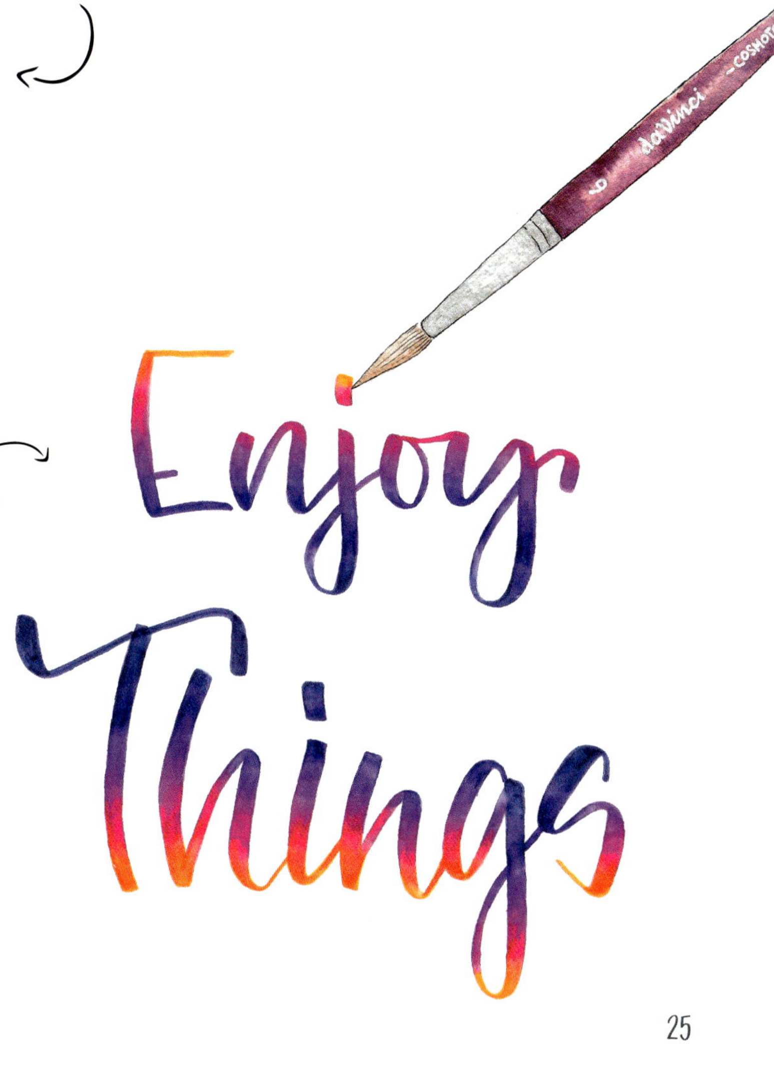


3. Mit einem Blending Pen oder einem feuchten Pinsel werden die Farben nun vorsichtig verblendet. Es ist immer hilfreich, den Blending Pen zwischendurch auf einem Stück Papier sauber zu schreiben, damit man nicht versehentlich eine dunkle Farbe in einen hellen Farbbereich mischt.

4. Entscheide dich für eine Perspektive. Nun zeichnest du mit dem Bleistift und dem Geodreieck kleine Hilfslinien an jeden Eckpunkt deines Letterings. Versuche dabei, immer den gleichen Winkel einzuhalten und die Linien gleich lang zu zeichnen.

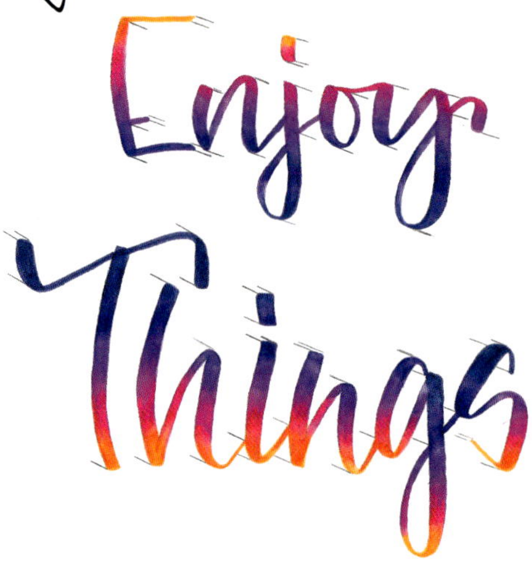


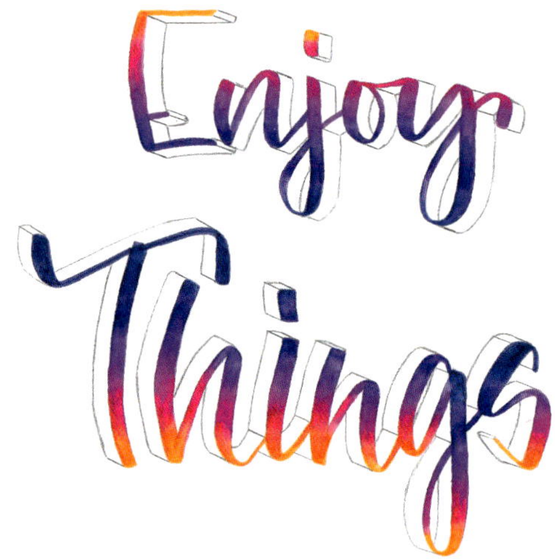


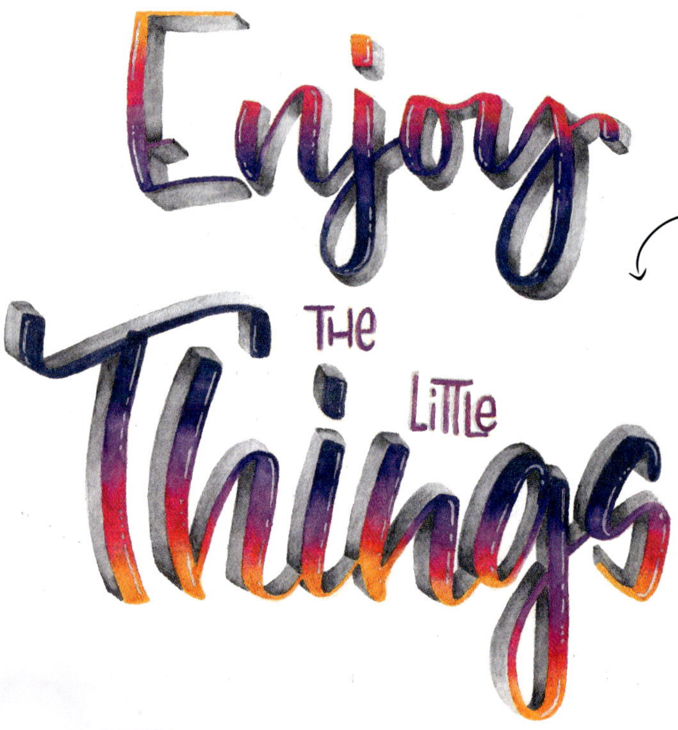


5. Verbinde nun die Hilfslinien miteinander. Folge dabei dem Verlauf deines Letterings. Die Linien sind also durchaus auch gebogen und folgen den Rundungen der Buchstaben. Die nun entstandene Perspektive kolorierst du zum Schluss in Grau. Schattiere einige Stellen dunkler, damit deine Perspektive noch realistischer erscheint. Radiere vorsichtig deine Hilfslinien weg.

**Tipp:** **Die Perspektive für die Worte in deinem Lettering sollte immer in eine Richtung zeigen. Damit du sehen kannst, dass man die Perspektive in unterschiedliche Richtungen anlegen kann, habe ich in diesem Lettering die beiden Wörter unterschiedlich gestaltet.**

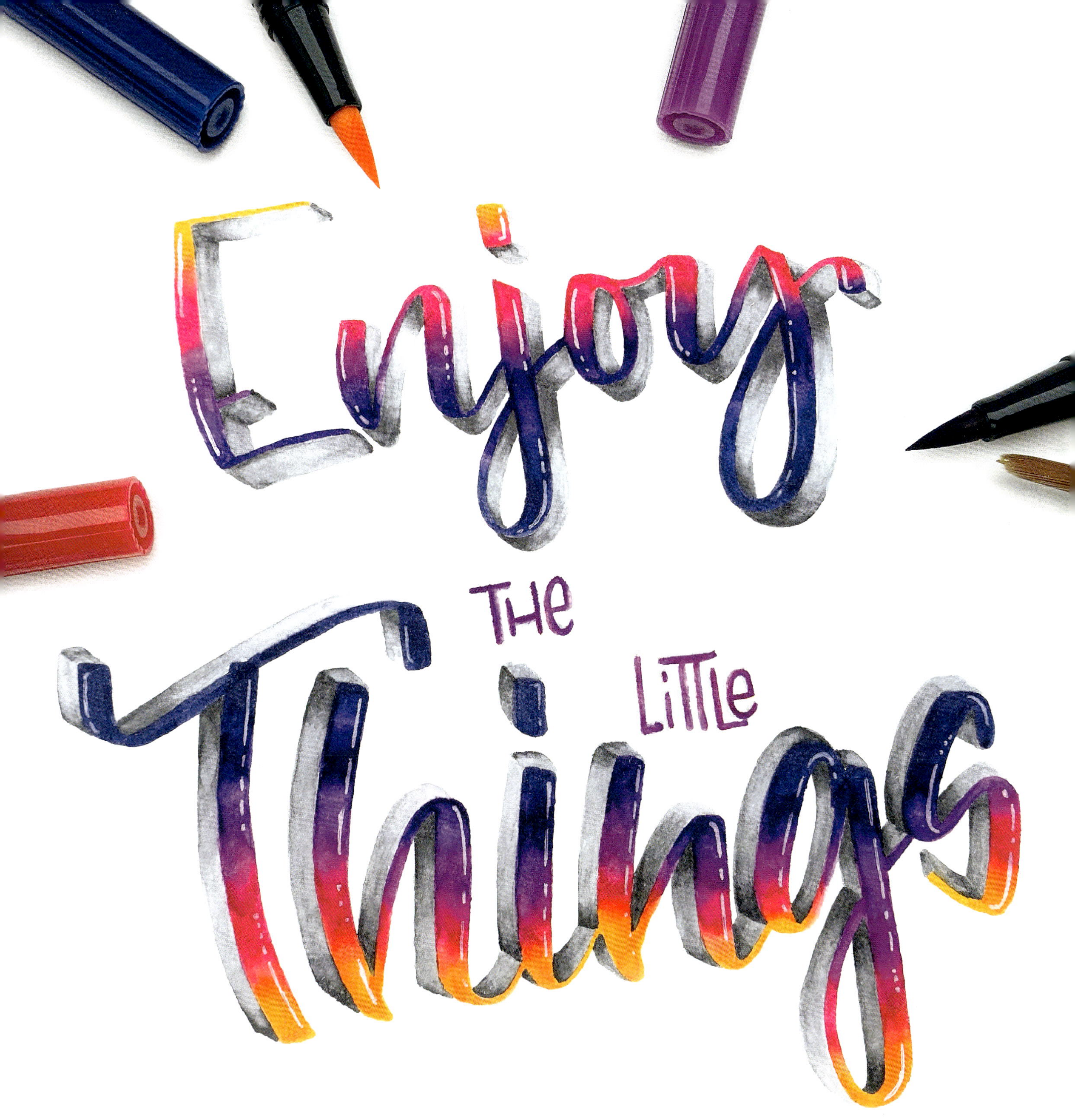
Enjoy
THE
LiTTLe
Things

# Ananas

Ich liebe Ananas! Als ich diesen Spruch zum ersten Mal gelesen habe, wusste ich sofort, dass ich ihn einmal als Lettering umsetzen muss. Es steckt so viel Wahres darin, oder?

## Du brauchst:

- **Aquarellpapier**
- **Brush Pens, mittelgroß, in Gelb hell & dunkel, Orange hell & dunkel**
- **Brush Pen, klein, in Orange**
- **Pinsel**
- **Geodreieck**
- **Fineliner**

## So geht's:

1. Male mit deinen Brush Pens in verschieden Gelb- und Orangetönen dicke Punkte auf dein Aquarellpapier.

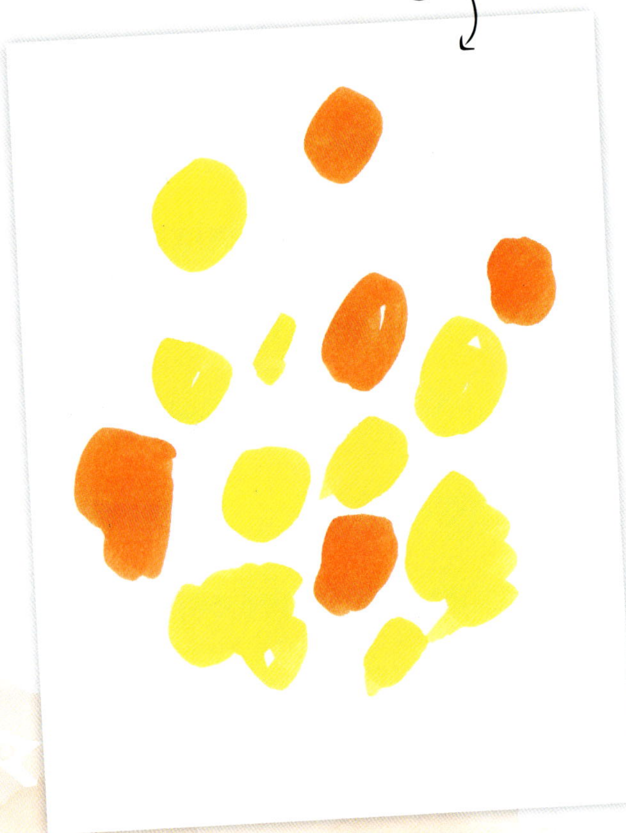

2. Vermale die Punkte mit einem feuchten Pinsel zu einer eiförmigen Fläche. Hier kannst du gut mit den Farben spielen und schauen, wie sie ineinander verlaufen.
Lasse die Farben nun trocknen.

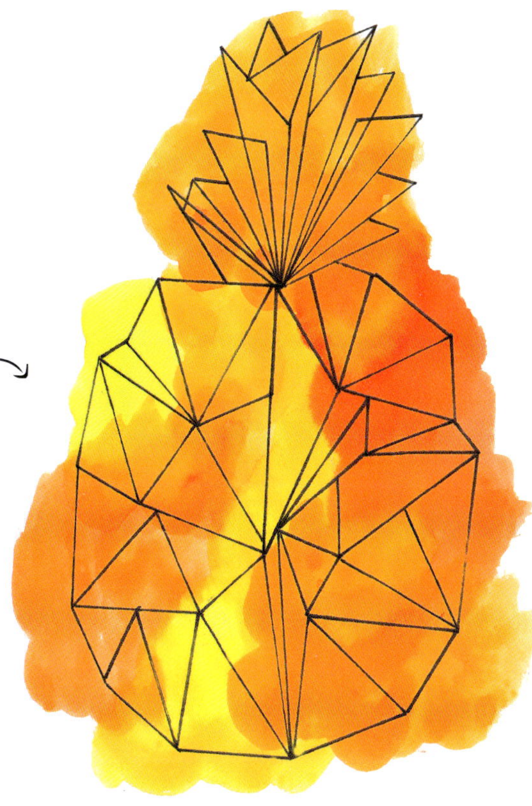

3. Zeichne mit einem wasserfesten Fineliner und einem Geodreieck eine Ananas auf deinen Untergrund. Die Ananas besteht aus vielen unterschiedlichen Dreiecken. Beginne mit dem Umriss und zeichne dann viele kleine Dreiecke hinein.

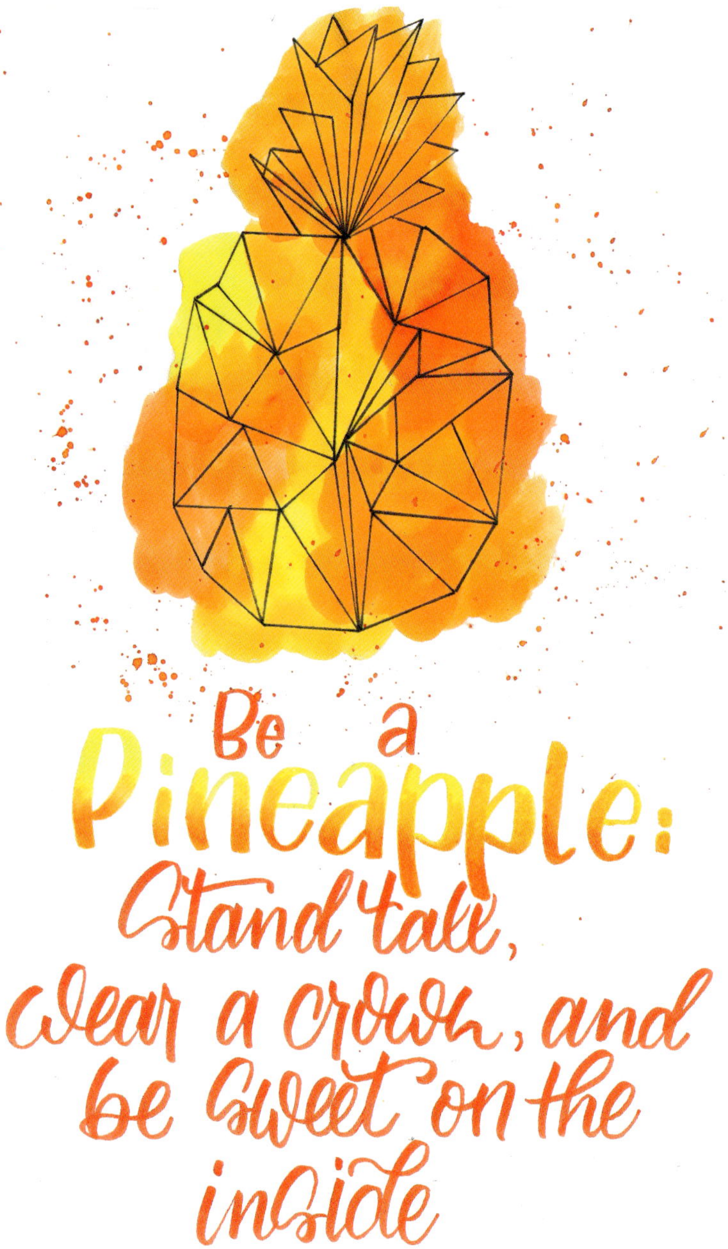


4. Lettere mit einem gelben mittelgroßen Brush Pen das Wort Pineapple unterhalb der Ananas und lege ein zartes Blending an. Achte darauf, dass oberhalb des Wortes noch ein wenig Platz für die ersten beiden Worte des Spruches vorhanden ist.

Pineapple:

5. Mit einem kleinen Brush Pen in Orange fügst du nun die restlichen Worte zu deinem Lettering hinzu.

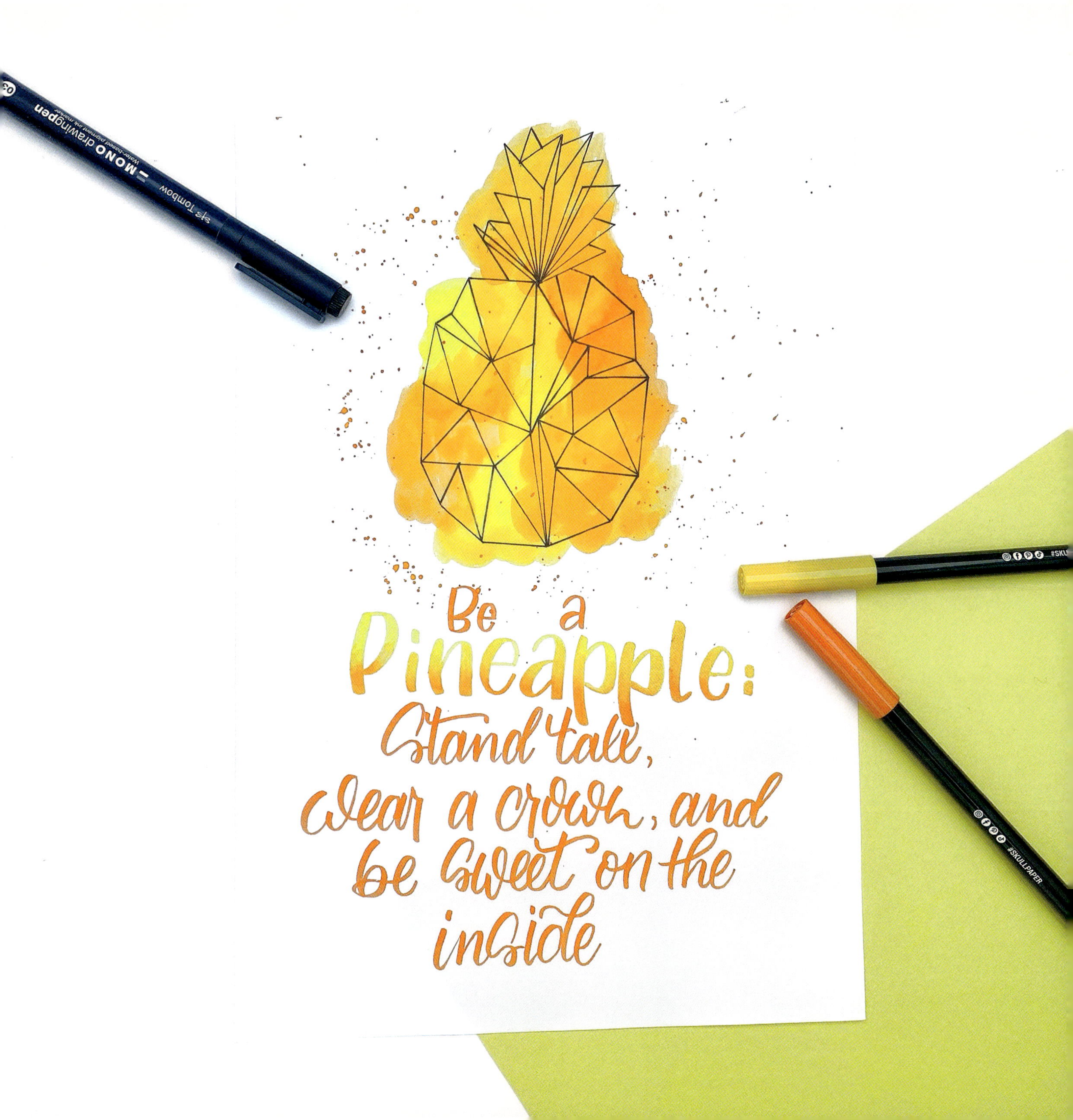
Be a
Pineapple:
Stand tall,
wear a crown, and
be sweet on the
inside

# Waffel

Ich fand diesen Spruch sehr lustig. Deswegen habe ich ihn in Kombination mit einer kleinen Waffel-Illustration gelettert. Manchmal dürfen Letterings auch ein bisschen frech sein, finde ich. Sollte mich mal jemand fragen, ob ich einen an der Waffel habe, weiß ich jetzt zumindest, was ich darauf antworten kann.

## Du brauchst:

- **Aquarellpapier**
- **Bleistift**
- **Brush Pens, mittelgroß, in Hellbraun, Mittelbraun, Dunkelbraun, Grau**
- **Pinsel**
- **Radiergummi**

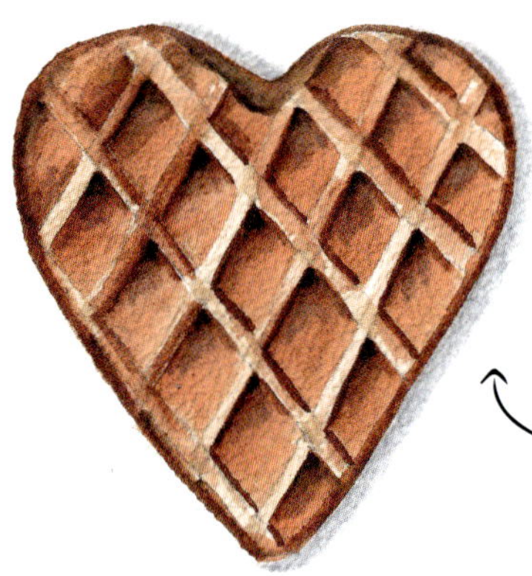

## So geht's:

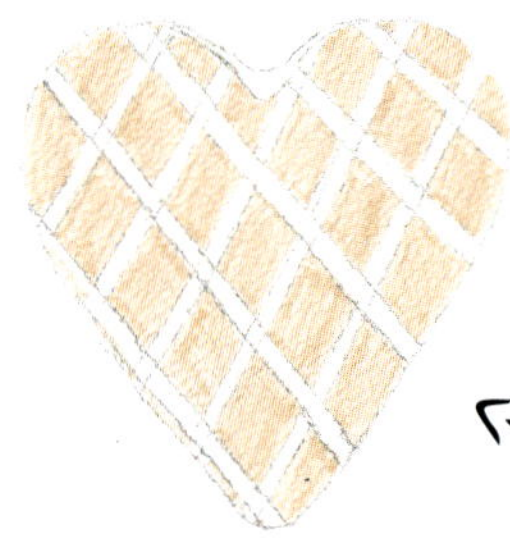

1. Zeichne eine rundliche Herzform auf dein Papier und unterteile diese mit sich kreuzenden, diagonalen Linien. In der Biegung oben lässt du ein kleines Stück aus, damit die Waffel noch echter wirkt. Koloriere deine Waffel in einem hellen Braunton. Spare dabei die erhabenen Flächen der Waffel aus.

2. Mit Mittelbraun setzt du anschließend kleine Akzente in die oberen Ecken des Waffelmusters und verblendest diese mit dem Pinsel.

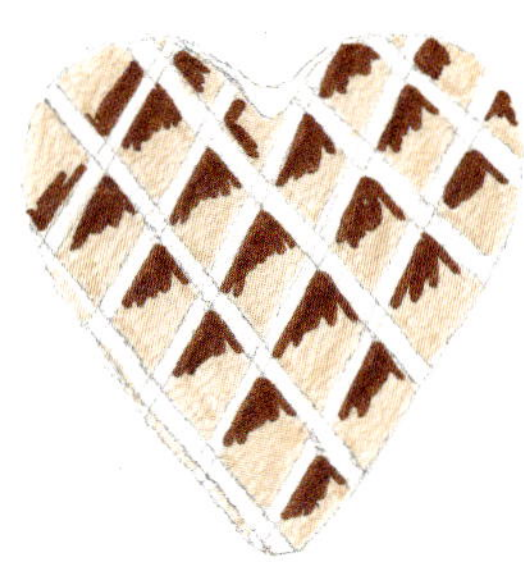

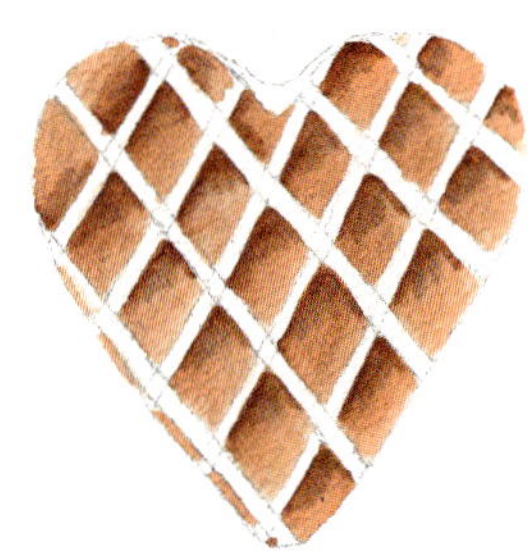

3. Umrande die Waffel in Dunkelbraun. Verblende die Umrandung vorsichtig.
Setze weitere dunkle Akzente links unten an den Rand jeder Waffelwabe. Setze einen Schatten in Grau an die Seite der Waffel. Die Waffel erhält so noch mehr Tiefe.

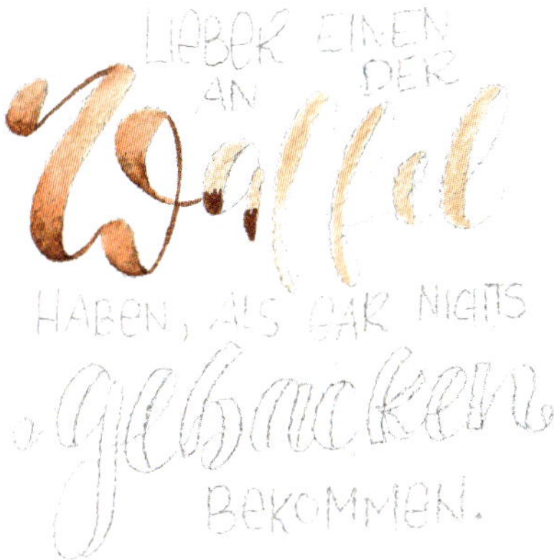


4.

Im letzten Schritt erstellst du dein Lettering neben der Waffel. Hierfür kannst du die Fake Calligraphy nutzen und die Schrift mit den gleichen Farben der Waffel ausmalen und verblenden.

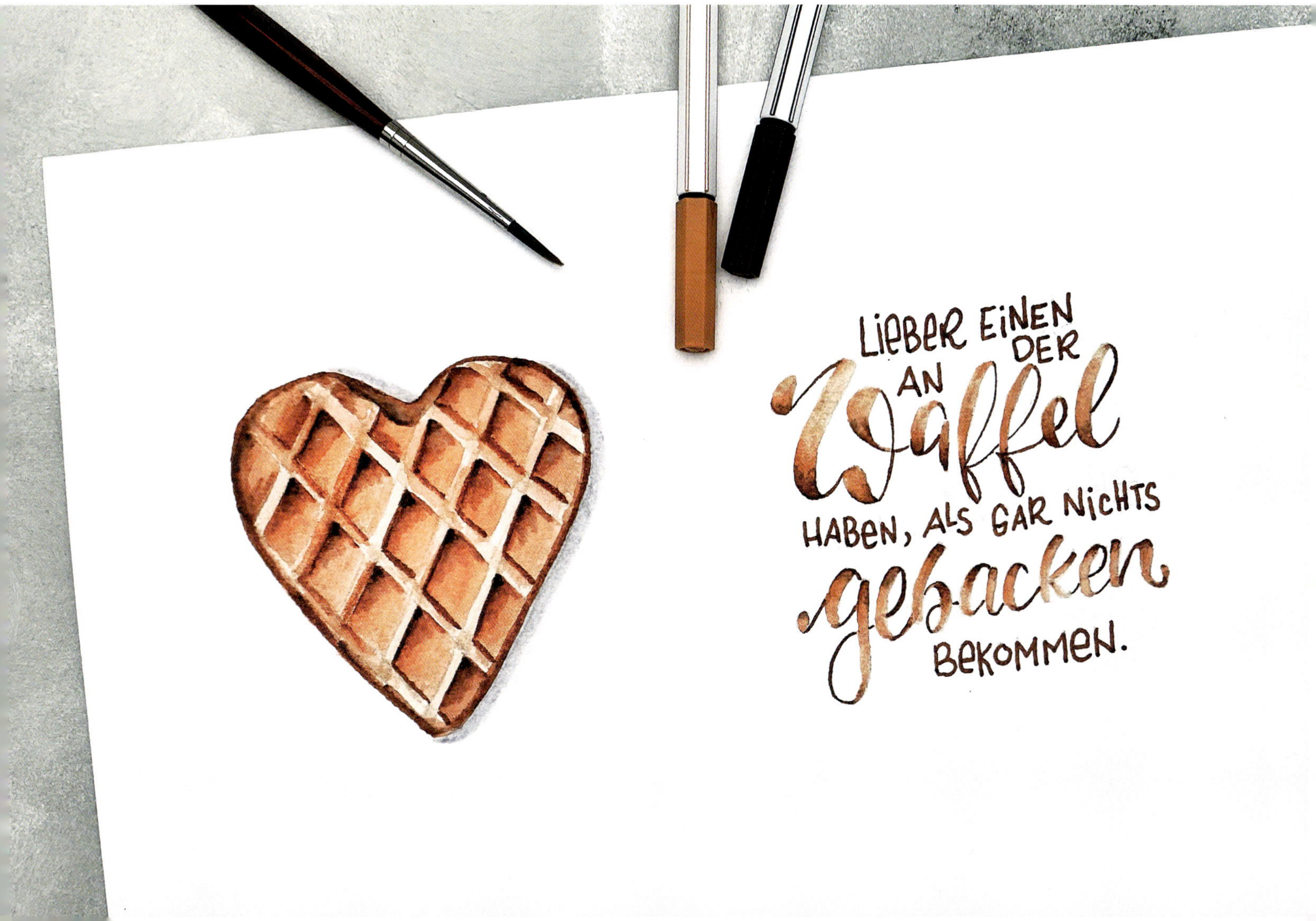

# Avocuddle

Wie ist es eigentlich gekommen, dass Avocados zu einem so beliebten Motiv geworden sind? Ich finde Avocado-Illustrationen immer sehr niedlich. Wie kann man jemandem schöner sagen, dass man gerne ein bisschen kuscheln möchte? Bei diesem Projekt arbeitest du mit viel Wasser. Benutze hierfür Aquarellpapier.

## Du brauchst:

- **Aquarellpapier**
- **Bleistift**
- **Brush Pens, mittelgroß, in Dunkelgrün, Gelbgrün, Braun, Rosa**
- **Brush Pen, klein, in Schwarz**
- **Pinsel**
- **Fineliner in Schwarz**

## So geht's:

1. Zeichne mit dem Bleistift die birnenförmigen Umrisse der Avocados auf dein Papier. Ergänze ebenfalls die Stellen, wo der Kern sitzt bzw. saß. Feuchte das Innere der Avocados mit viel Wasser an, spare aber dabei den Kreis in der Mitte aus.

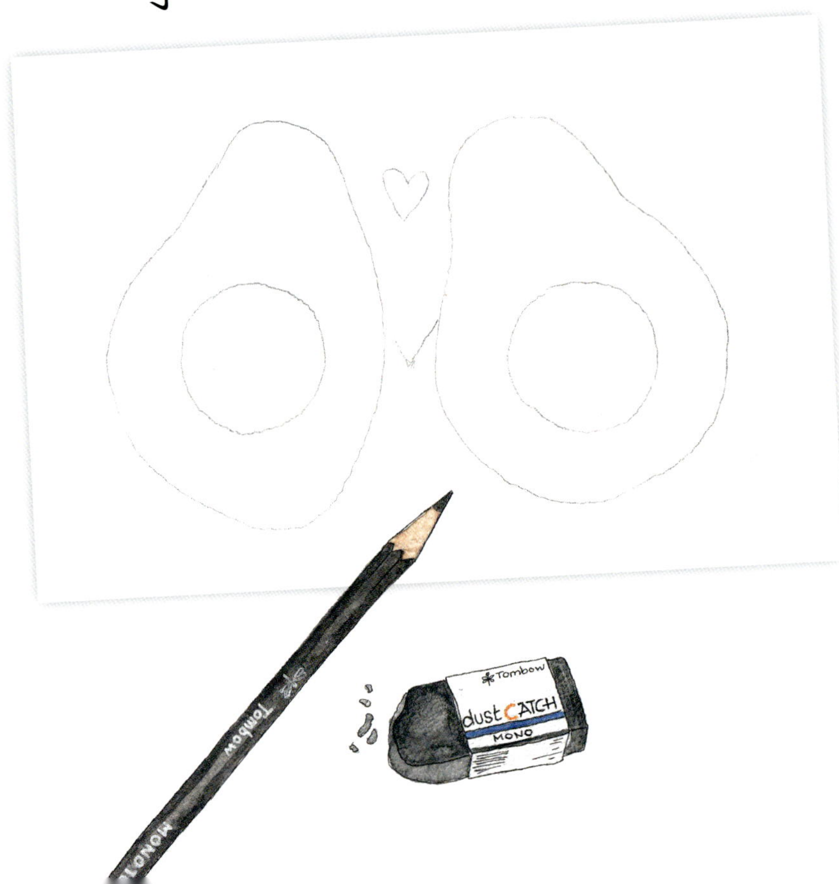

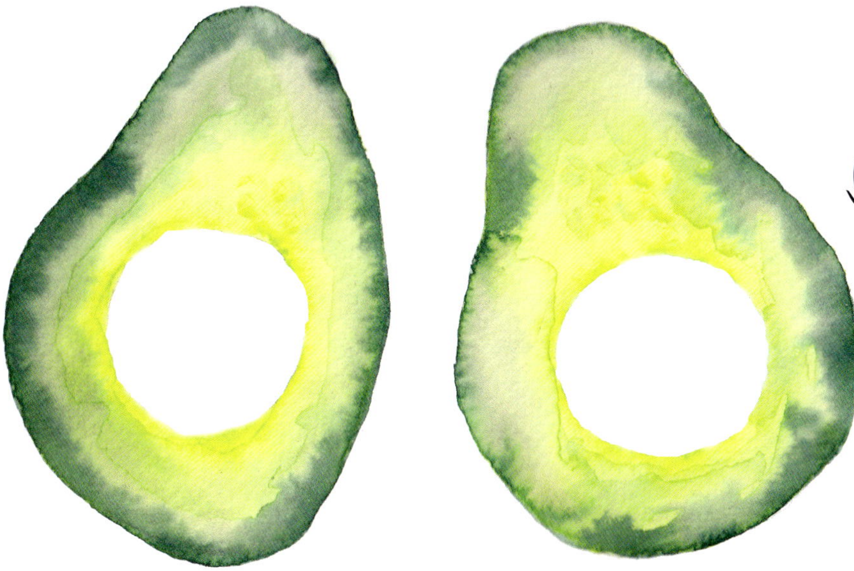

**2.** Tupfe mit deinen Brush Pens von innen nach außen die Farbe auf das feuchte Papier. Benutze innen ein Gelbgrün und ein sehr dunkles Grün außen und lasse alles gut trocknen.

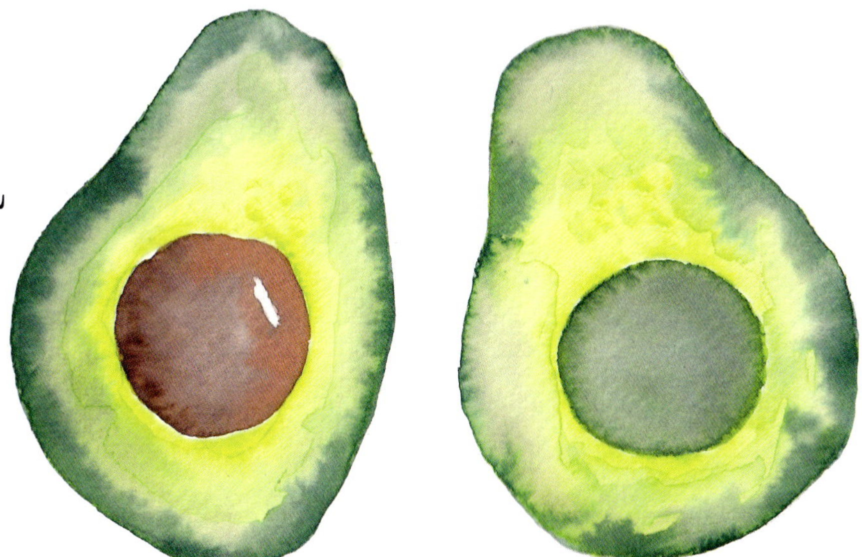

**3.** Feuchte nun die beiden Kernvertiefungen an. Bei einer Avocado tupfst du braune Farbe in die Fläche, bei der anderen ein dunkles Grün. Lasse beim Kern eine kleine Stelle weiß, um einen Lichtreflex anzudeuten.

4. Mit einem kleinen Brush Pen schreibst du nun deine Kuschelbotschaft unter die beiden Avocadohälften. Ist alles gut getrocknet, kannst du deine Vorzeichnung wegradieren.

Let's Avocuddle

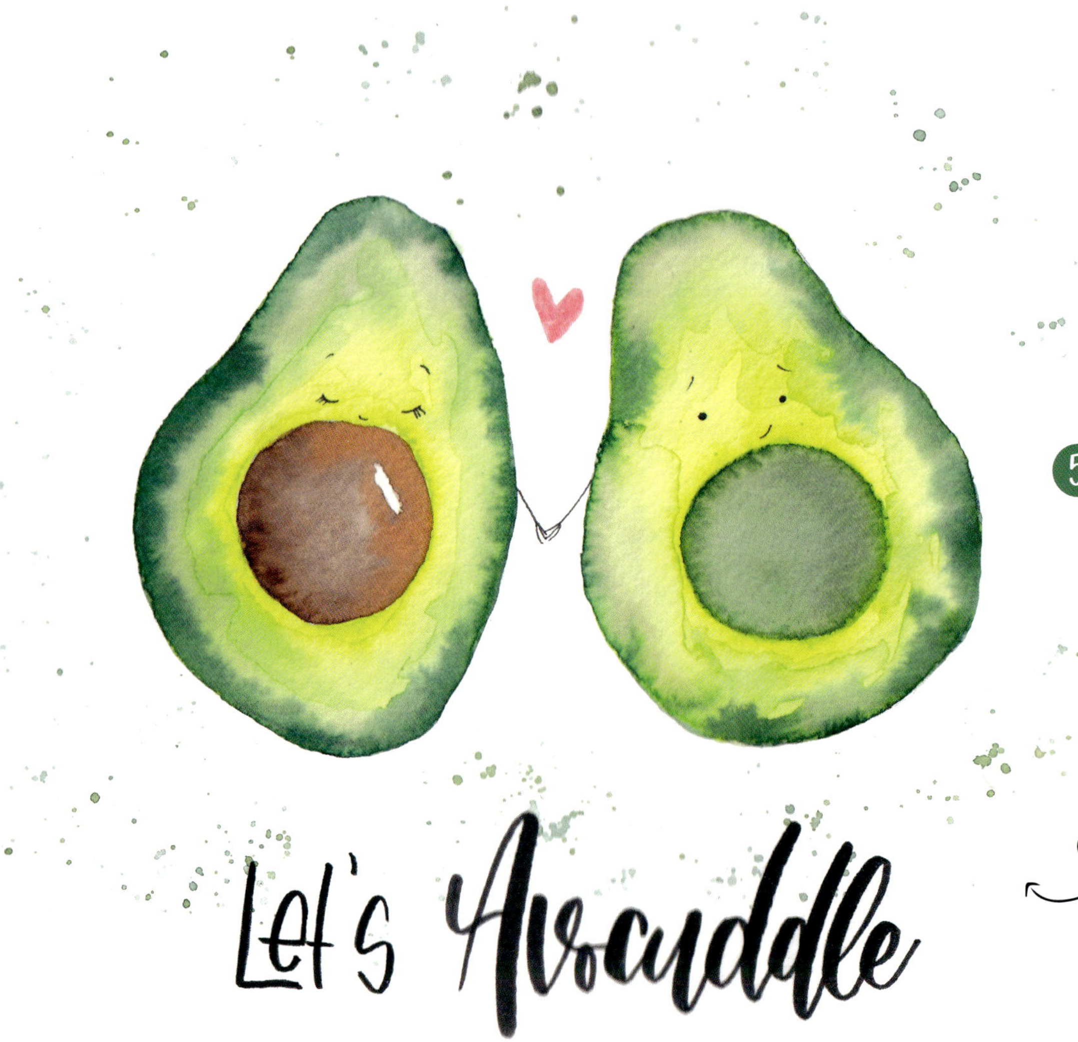


5. Zum Schluss zeichnest du mit einem Fineliner die Gesichter und Arme der beiden Avocados. Füge ein rosa Herz ein und wenn du magst, kannst du auch noch ein paar Sprenkel auf deinem Bild platzieren.

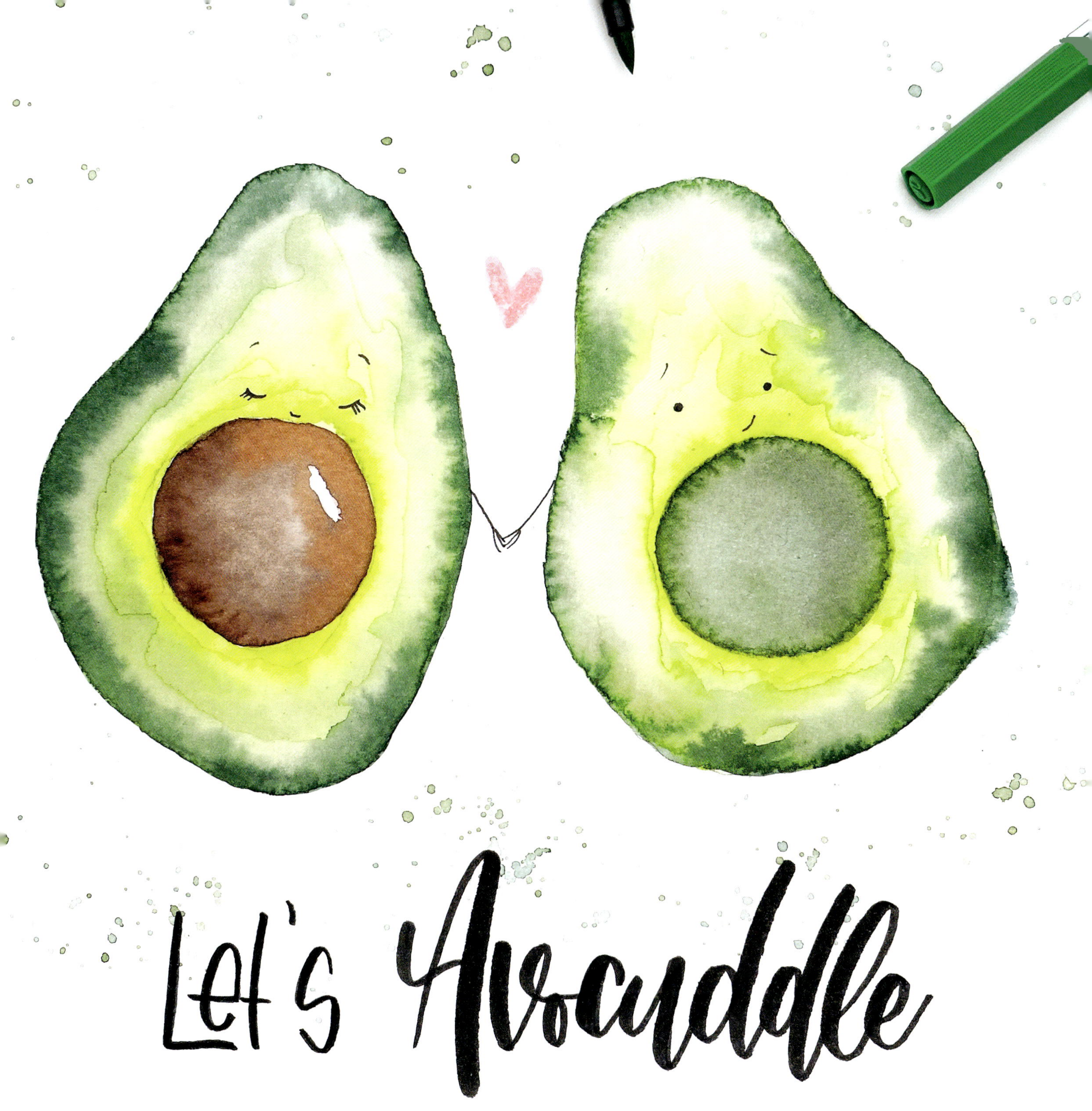
Let's Avocuddle

# Blumenpost

Postkarten zu gestalten macht Spaß. Zum einen geht das recht schnell und zum anderen ist es besonders schön, wenn man diese abschickt und der Empfänger sich meldet, weil er (oder sie) sich so gefreut hat. Schreib doch auch mal wieder einem lieben Menschen eine Postkarte! Für dieses Projekt empfehle ich die Verwendung von Aquarellpapier.

## Du brauchst:

- **Aquarellpapier**
- **Bleistift**
- **Brush Pens, mittelgroß, in deinen Wunschfarben**
- **Brush Pen, klein, in Schwarz**
- **Pinsel**
- **Pigmentliner in Schwarz**
- **Radiergummi**

## So geht's:

1. Male mit deinem Brush Pen einen bunten, dicken Punkt auf dein Papier.

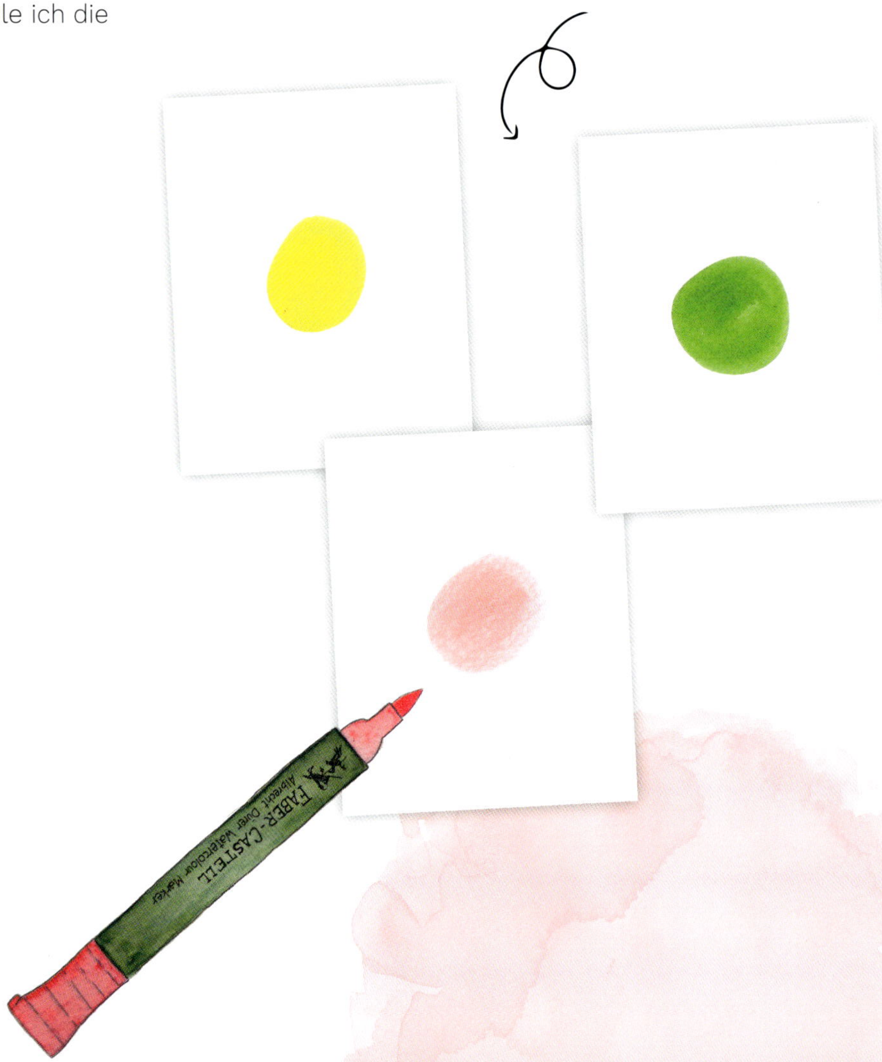

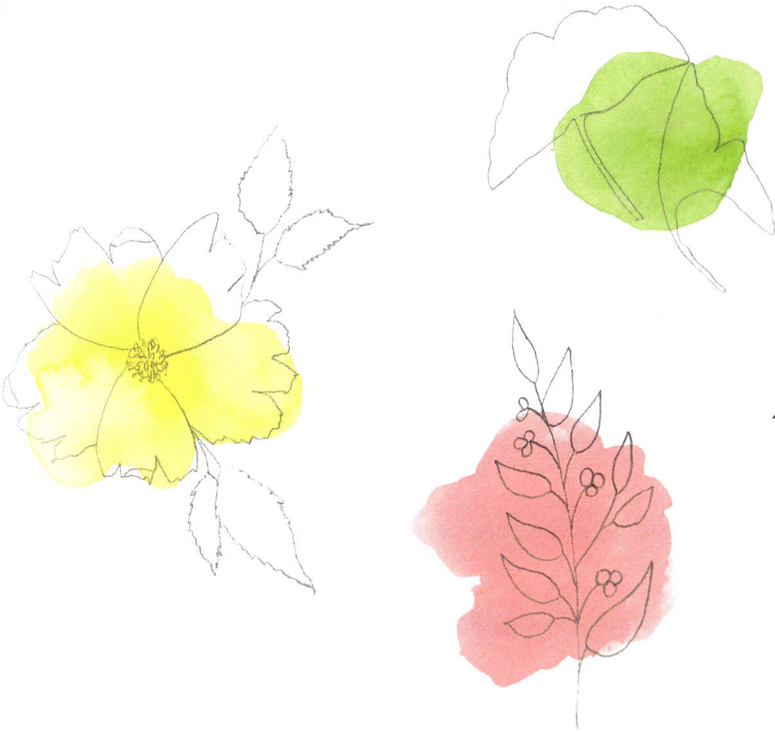

**2.** Nachdem du deine Farbe mit einem feuchten Pinsel zu einem hübschen Aquarellfleck vermalt hast und alles gut getrocknet ist, zeichnest du mit einem Bleistift ein kleines Blumenmotiv auf den Farbfleck. Besonders hübsch sieht es aus, wenn du dein Blümchen auch über den Fleck hinaus zeichnest.

**3.** Mit einem Pigmentliner kannst du nun deine Zeichnung sorgfältig nachzeichnen. Versuche einmal, Pigmentliner in unterschiedlichen Strichstärken zu benutzen. Das lässt deine Doodles dynamischer erscheinen.

4. Deine Grußbotschaft schreibst du nun mit einem kleinen Brush Pen unter, neben oder um dein Motiv herum. Entferne deine Vorzeichnung mit einem Radiergummi.

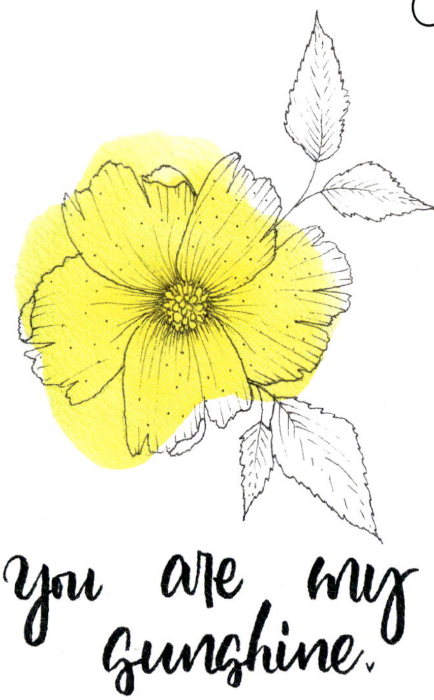


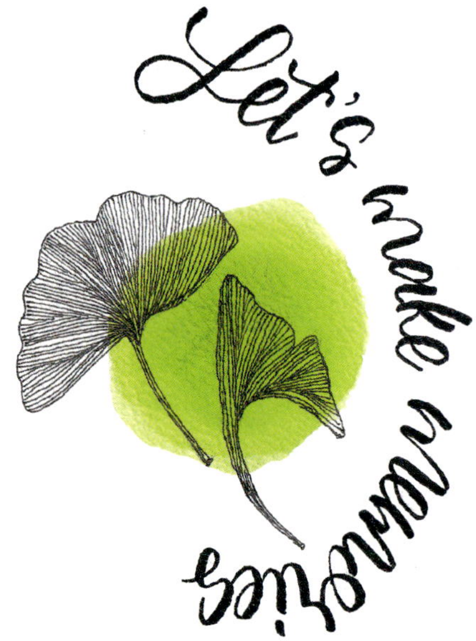


5. Ein schönes Format für eine Postkarte ist 10 × 15 cm. Zeichne um dein Motiv ein Rechteck mit diesen Maßen, schneide es aus und du hältst deine handgemachte Postkarte in den Händen. Jetzt kannst du die Rückseite wie gewohnt beschriften, frankieren und auf den Weg zum Empfänger bringen.

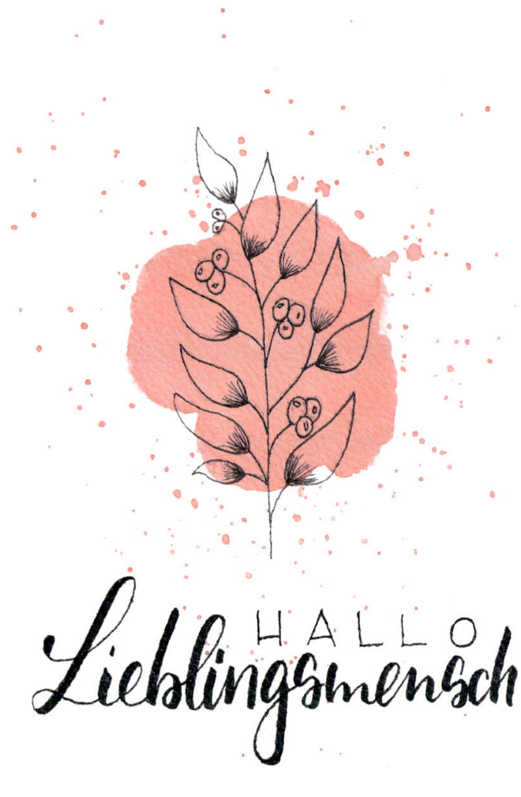

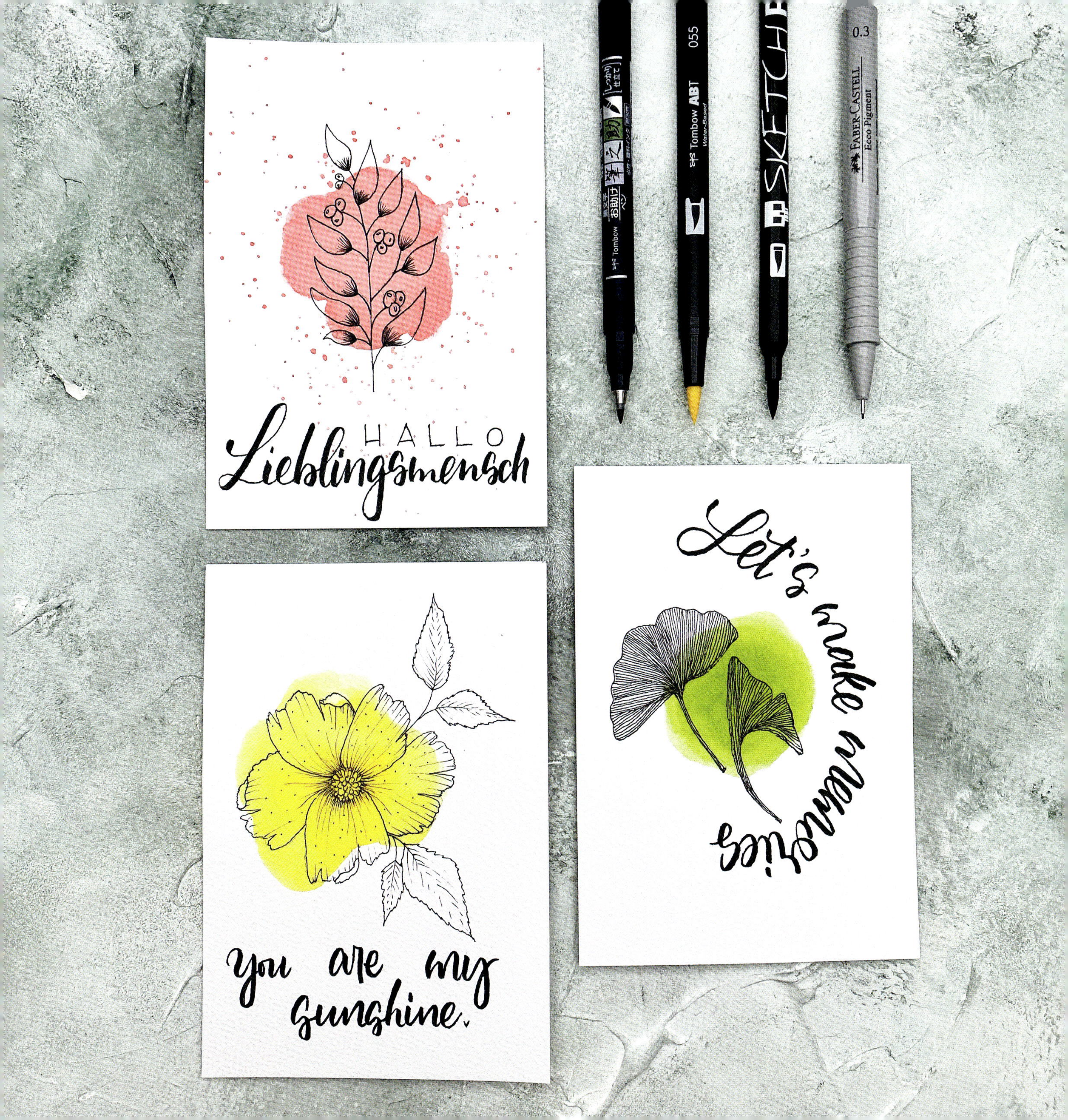
HALLO
Lieblingsmensch
Let's make memories
you are my sunshine.
055
Tombow ABT
SKETCH
0.3
FABER-CASTELL
Ecco Pigment

# Blumentüte

Hübsche Blumensträuße werden immer in einfaches Papier eingewickelt oder in Zellophanfolie verhüllt. Eine schöne Alternative hierzu sind dekorative Papiertüten. So lässt sich der Blumenstrauß auch noch sehr komfortabel zum Empfänger tragen.

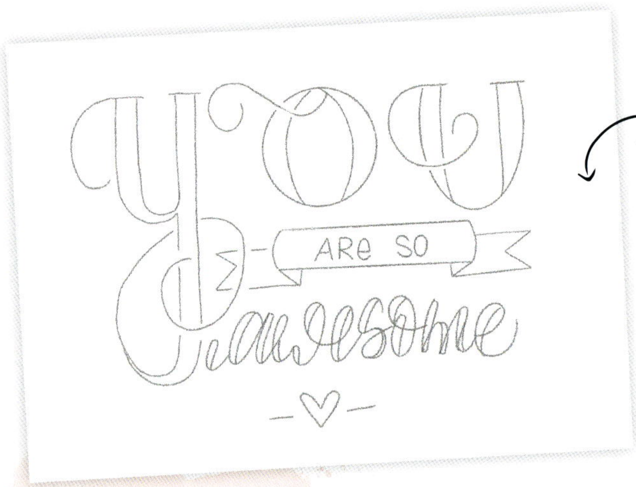


## Du brauchst:

- Tragetasche aus Kraftpapier
- Bleistift
- Brush Pen in Weiß
- Schere
- Schleifenband
- Radiergummi

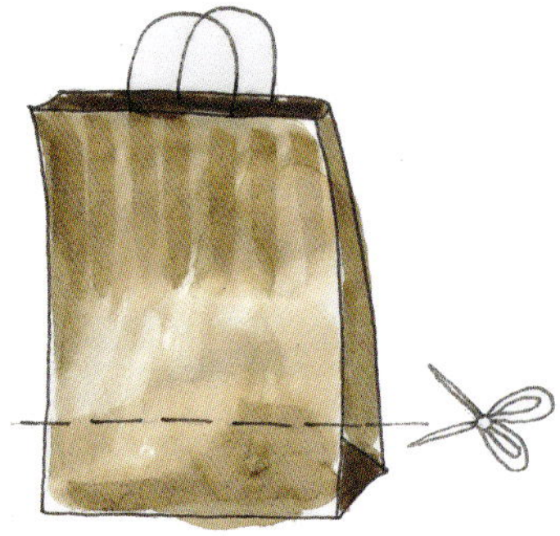

## So geht's:

1. Schneide von einer Papiertragetasche unten den Boden ab und falte die Tasche so, dass du sie flach vor dir auf den Tisch legen kannst.

2. Skizziere deine Vorzeichnung für das Lettering mit einem Bleistift auf die Tasche. Das Lettering sollte dabei zentral in der oberen Hälfte platziert werden.

3. Mit einem weißen Brush Pen schreibst du dein Lettering nun sorgfältig nach. Es kann vorkommen, dass der weiße Stift nicht direkt beim ersten Durchgang richtig deckt. Ziehe dein Lettering ggf. ein zweites Mal nach, um einen kräftigeren Farbauftrag zu erzielen.

4. Entferne die Vorzeichnung vorsichtig mit einem Radiergummi und schiebe nun den Blumenstrauß vorsichtig von oben in die Papiertragetasche.

5. Mit einem Schleifenband kannst du die Tragetasche nun unten vorsichtig zubinden und den Blumenstrauß in der Lettering-Tragetasche verschenken.

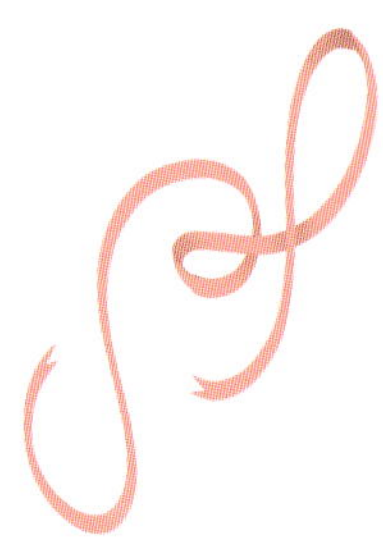

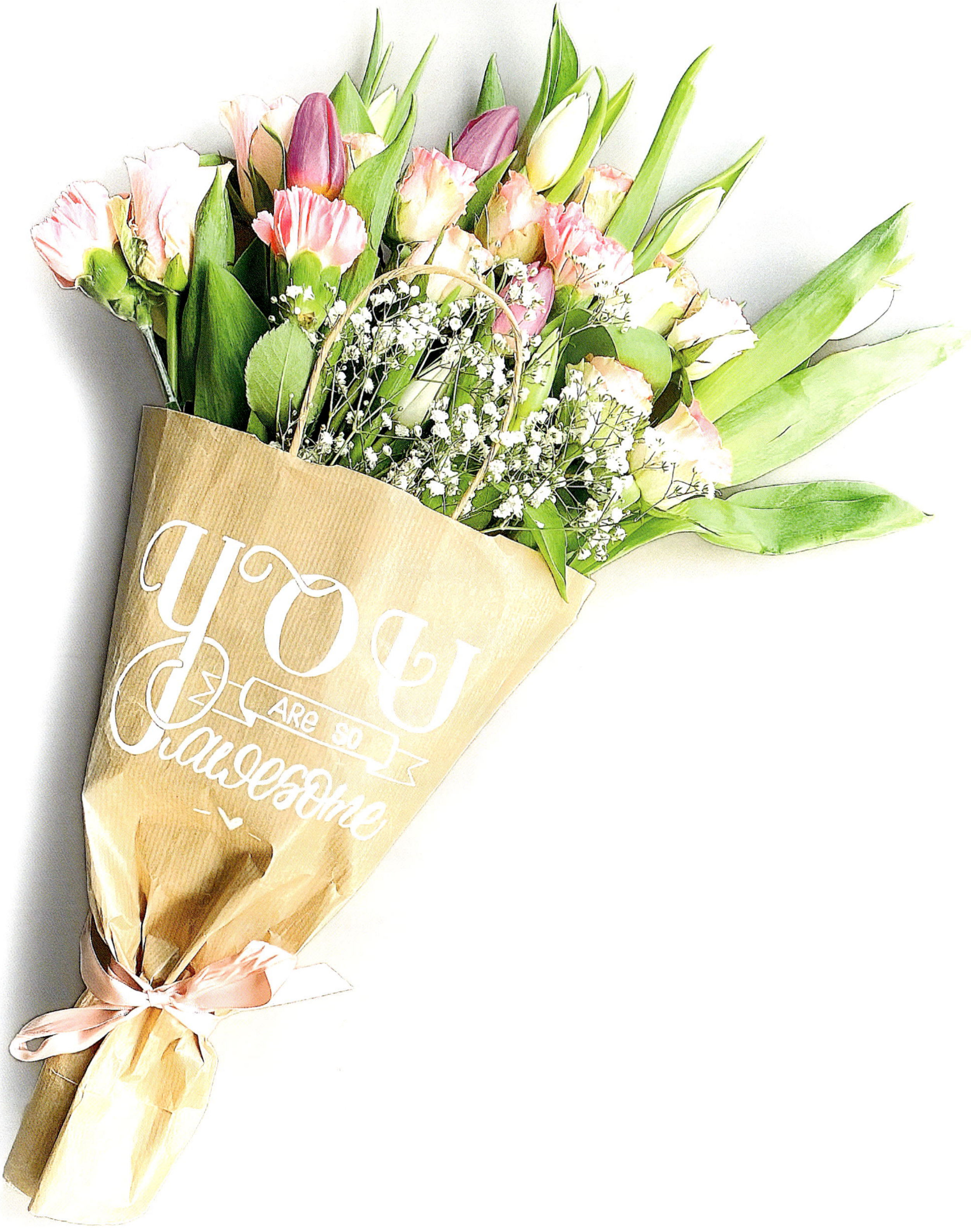
YOU
ARE SO
awesome

# Briefpapier

Briefe von Hand zu schreiben ist so herrlich altmodisch. Wann hast du das letzte Mal einen Brief auf hübschem Briefpapier an einen lieben Menschen geschickt? Es wird Zeit, dass wir in dieser digitalen Welt wieder mehr Briefe schreiben, oder?

## Du brauchst:

- Markerpapier
- Bleistift
- Brush Pens, mittelgroß, in Hellgrün, Dunkelgrün, Rot
- Blending Pen
- Fineliner in Schwarz in zwei Stärken
- Lineal
- Radiergummi

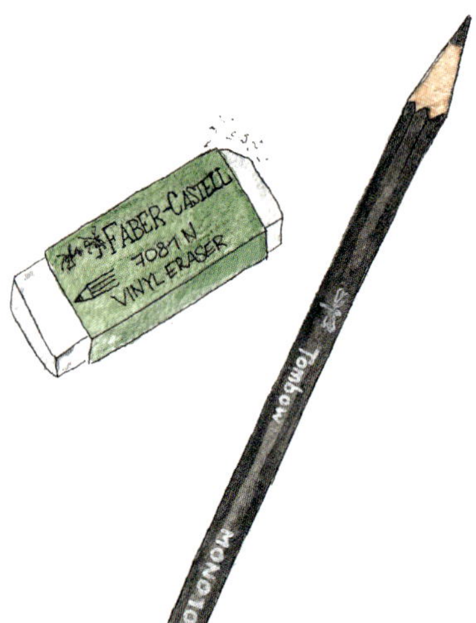


## So geht's:

1. Zeichne mit einem Bleistift 1 cm vom Rand einen Rahmen rings um dein Papier. Die Ecken oben links und unten rechts lässt du dabei aus. In diesen Rahmen ziehst du mit 0,5 cm Abstand einen weiteren Rahmen. In die freien Ecken zeichnest du dein Blattmuster ein.

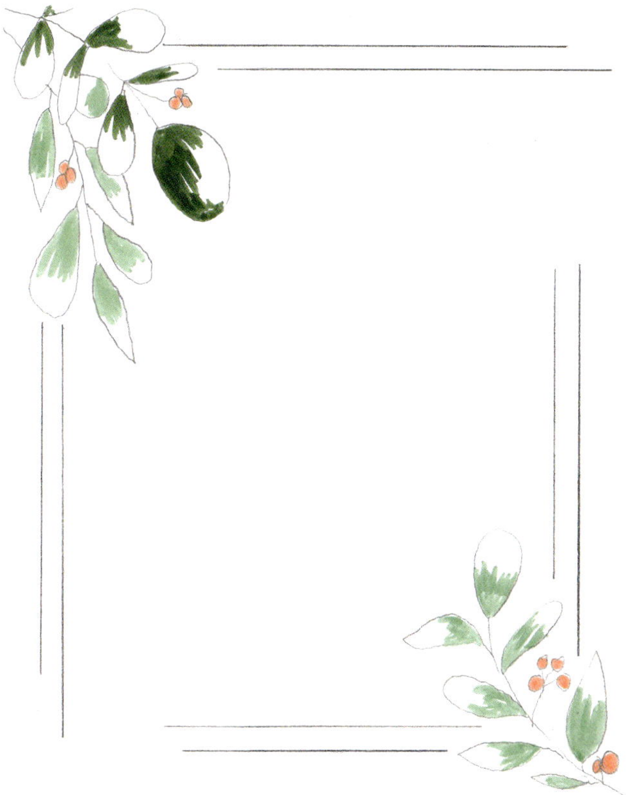

**2.** Fülle die Blätter teilweise mit den Farben. Auch die kleinen Beeren kannst du bereits kolorieren.

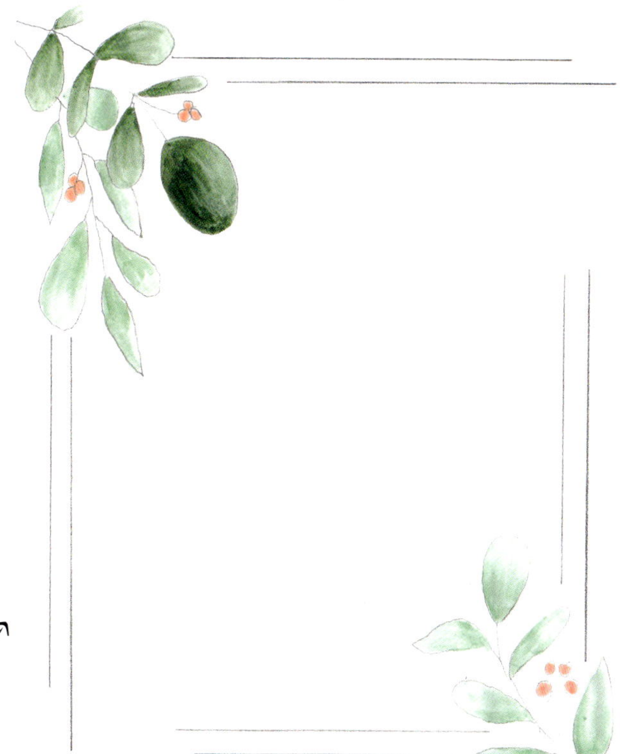

**3.** Damit sich dein Papier nicht wellt, verblendest du die Farbpigmente mit dem Blending Pen.

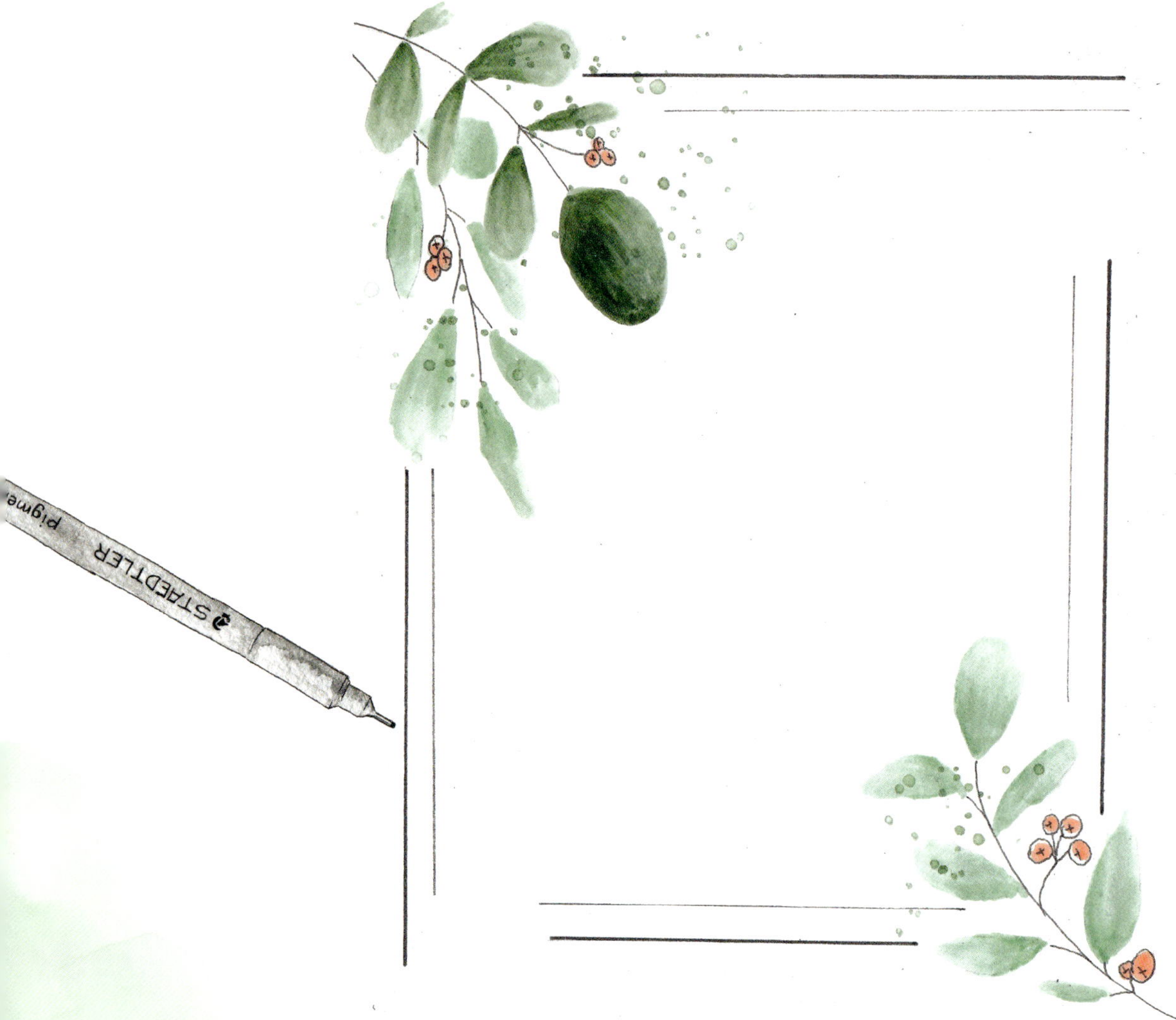


**4.**

Ziehe nun mit dem Fineliner die Rahmenlinien nach. Besonders hübsch sieht es aus, wenn du für den äußeren Rahmen eine dickere Strichstärke benutzt als für den inneren Rahmen. Zeichne außerdem die feinen Blattstängel in deine Illustration ein.
Mit ein paar Sprenkeln in den Ecken verleihst du deinem Briefpapier den letzten Schliff. Achte beim anschließenden Wegradieren deiner Vorzeichnung darauf, dass dein Blatt nicht verknickt.

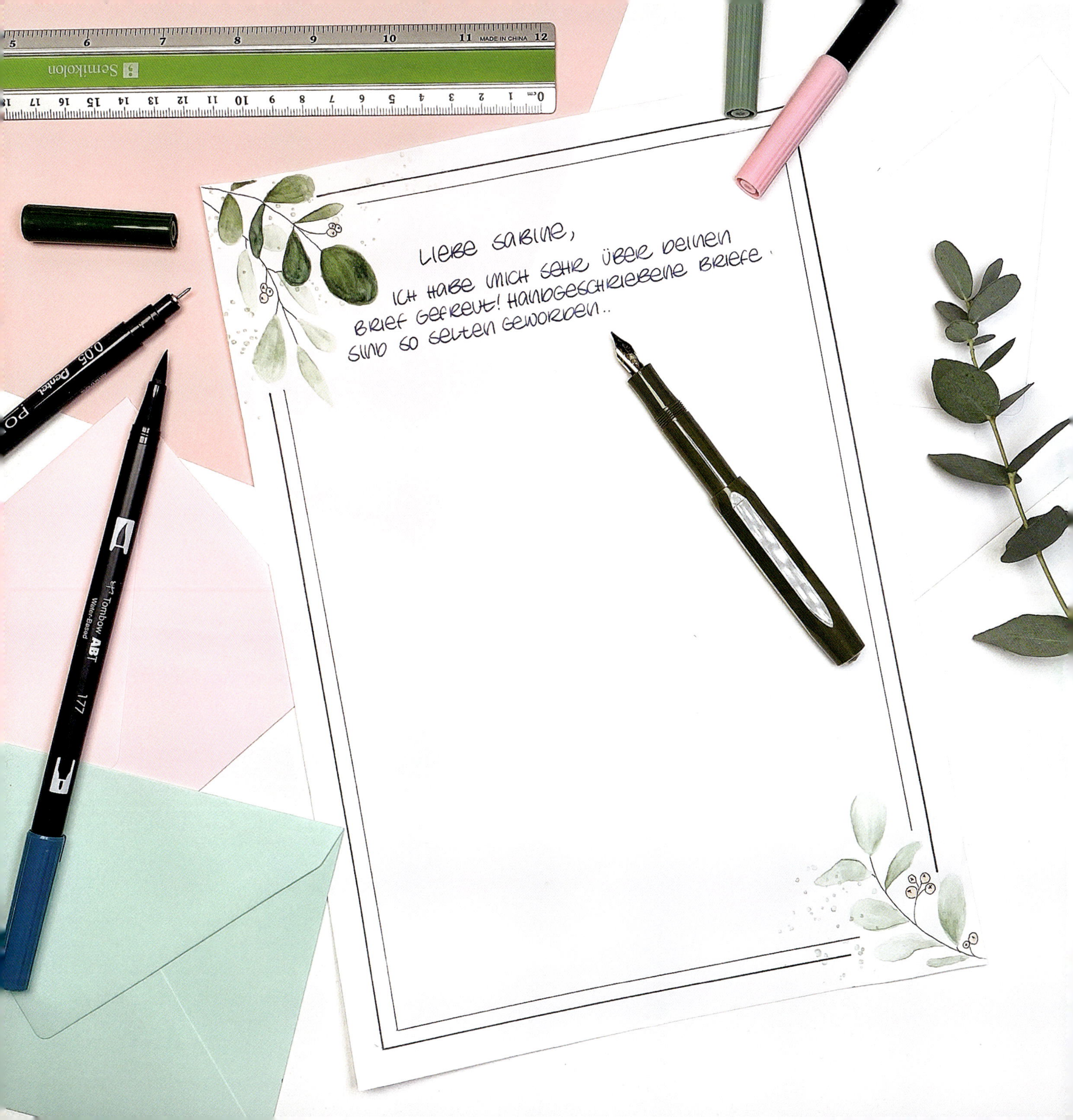
Semikolon
MADE IN CHINA
Liebe Sabine,
Ich habe mich sehr über deinen Brief gefreut! Handgeschriebene Briefe sind so selten geworden..
Pentel 0.05
Tombow ABT 177

# Geschenkpapier

Ich weiß nicht, wie oft es mir schon passiert ist, dass ich spontan ein kleines Geschenk verpacken wollte und kein Geschenkpapier im Haus hatte. Prima, dass man sich Geschenkpapier ruckzuck selbst machen kann. Ganz individuell: passend zur beschenkten Person oder zum Anlass.

## Du brauchst:

- **Markerpapier bis max. 80 g/qm**
- **Brush Pens, klein, in Lieblingsfarben**
- **Lineatur**

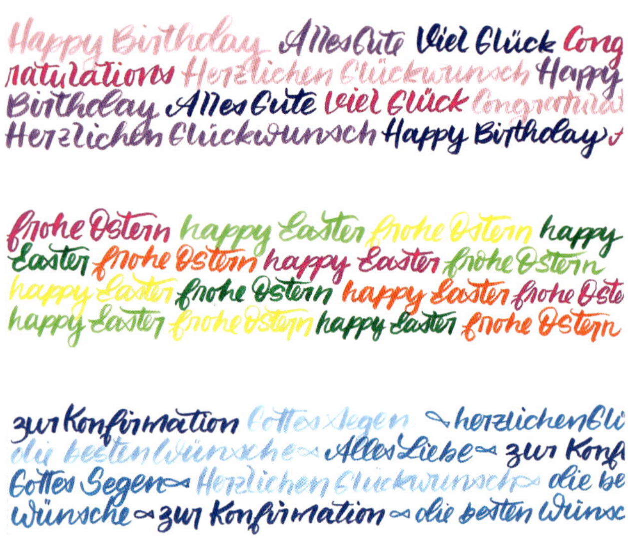


## So geht es:

1. Für das Geschenkpapier sollte das Papier nicht schwerer als 80 g/qm sein, damit du eine Lineatur unterlegen kannst. Das erleichtert das Schreiben in gerader Linie. Ist keine zur Hand, ziehst du dir auf einem separaten Blatt mit einem Pigmentliner Linien im Abstand von 1 cm.

2. Selbst gestaltetes Geschenkpapier bedeutet Fleißarbeit: Schreibe mit kleinen Brush Pens in verschiedenen Farben Worte passend zum Anlass oder zur Person auf dein Papier

3. Fülle jede Zeile und wechsle dabei die Farben.

4. Wenn du einen Kombidrucker zu Hause hast, kannst du dein Geschenkpapier einscannen bzw. kopieren und dir größere Bögen daraus zusammenkleben und dein Geschenk damit verpacken.

5. Mit selbst gestaltetem Geschenkpapier kannst du z. B. auch schöne Origamifiguren falten und als Geschenkanhänger benutzen.

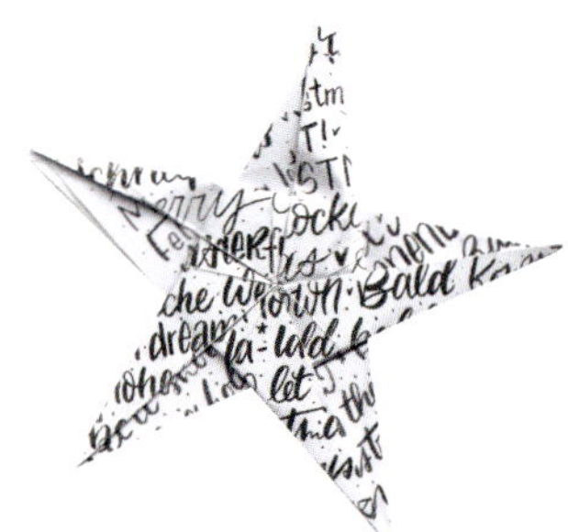

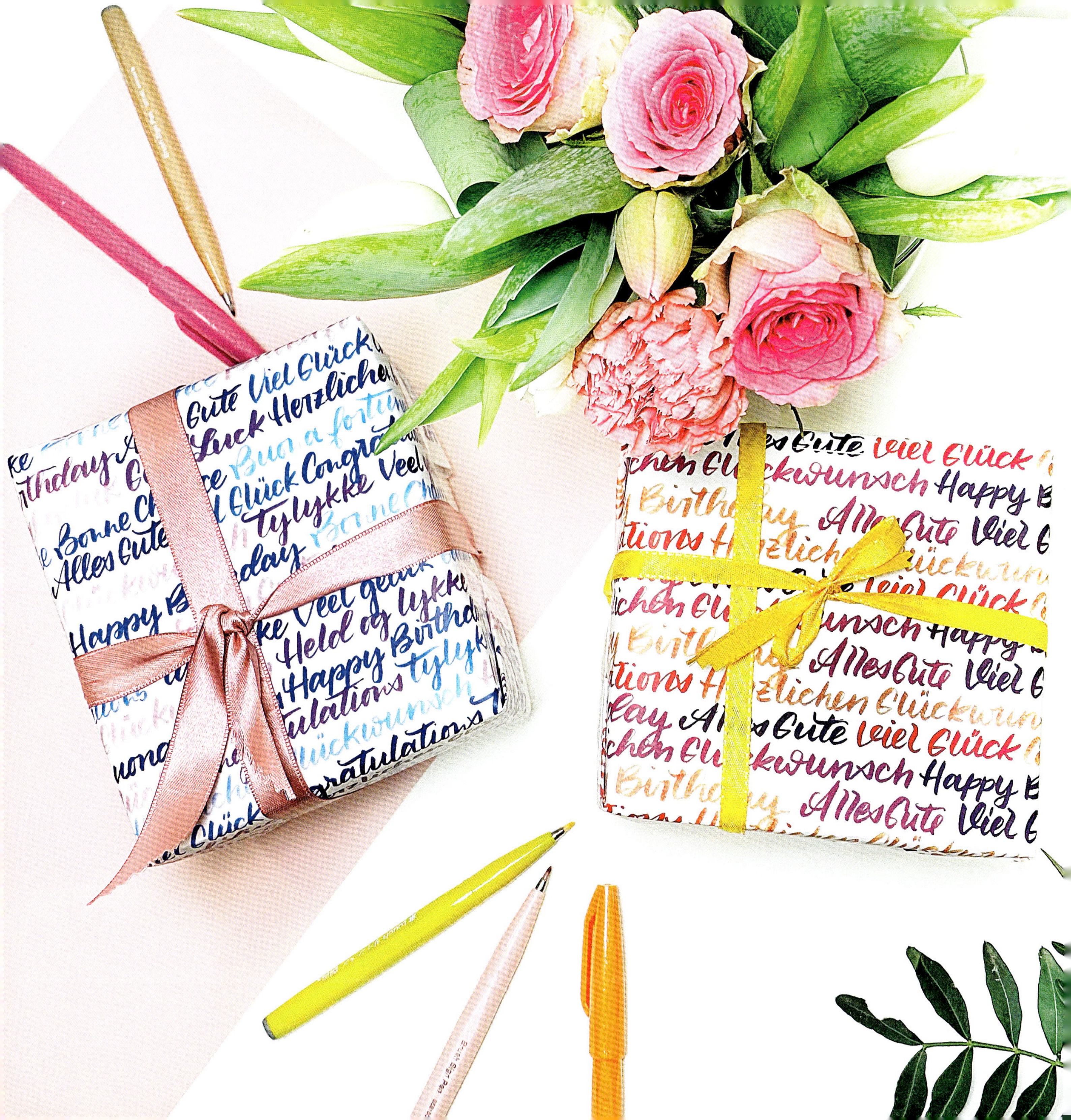

Viel Glück
Happy Birthday
Alles Gute
Tylykke
Bonne Chance
Held og lykke
Veel geluk
ckwunsch Happy
Alles Gute Viel
Alles Gute Viel Glück

# Gutschein

Manchmal gibt es kein physisches Geschenk, welches man hübsch verpacken kann. Da bleibt nur der gute alte Gutschein übrig. Zum Glück kann man Gutscheine selber sehr schön und individuell gestalten.

## Du brauchst:

- **Transparentpapier**
- **Brush Pens, mittelgroß, farblich passend zur Faltkarte**
- **Blending Pen oder Pinsel**
- **Faltkarte, farbig, mit Umschlag**
- **Gelstift in Weiß**

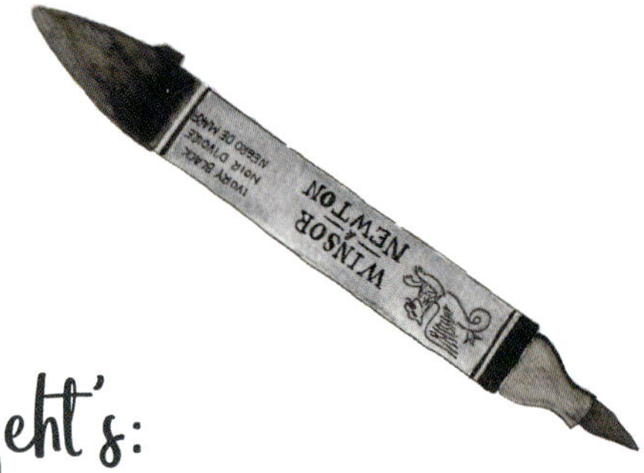

## So geht's:

1. Schreibe mit einem mittelgroßen Brush Pen in einem etwas dunklerem Farbton als den der Faltkarte das Wort GUTSCHEIN als Brush Lettering auf das Transparentpapier.

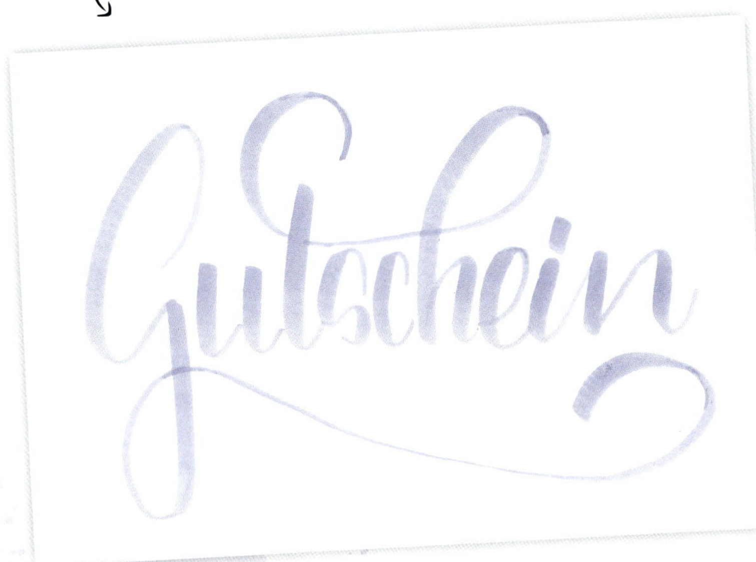

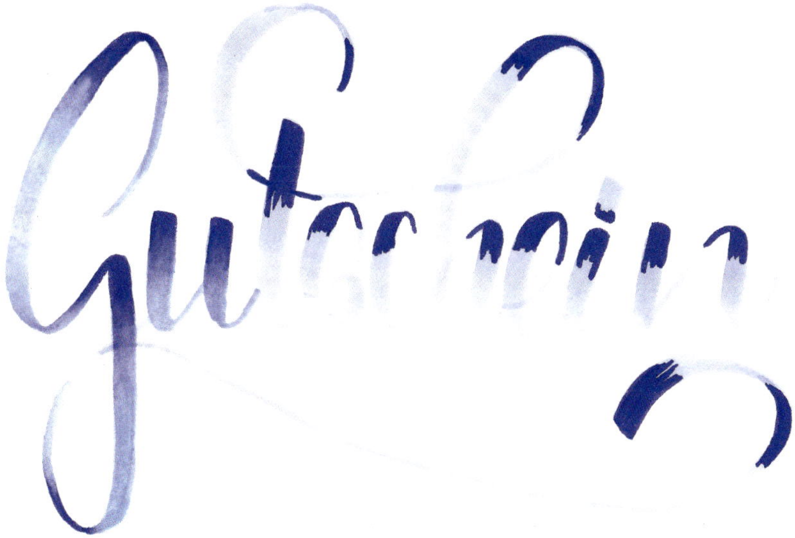

**2.** Setze mit einer dunkleren Farbe Farbflächen innerhalb der Buchstaben. Aus diesen entsteht im nächsten Schritt ein hübsches Blending.

**3.** Ziehe die dunklen Pigmente mithilfe eines Blending Pens oder eines leicht angefeuchteten Pinsels in die helle Farbe hinein und achte auf sanfte Übergänge. Mit einem weißen Gelstift setzt du kleine Akzente in die Buchstaben.

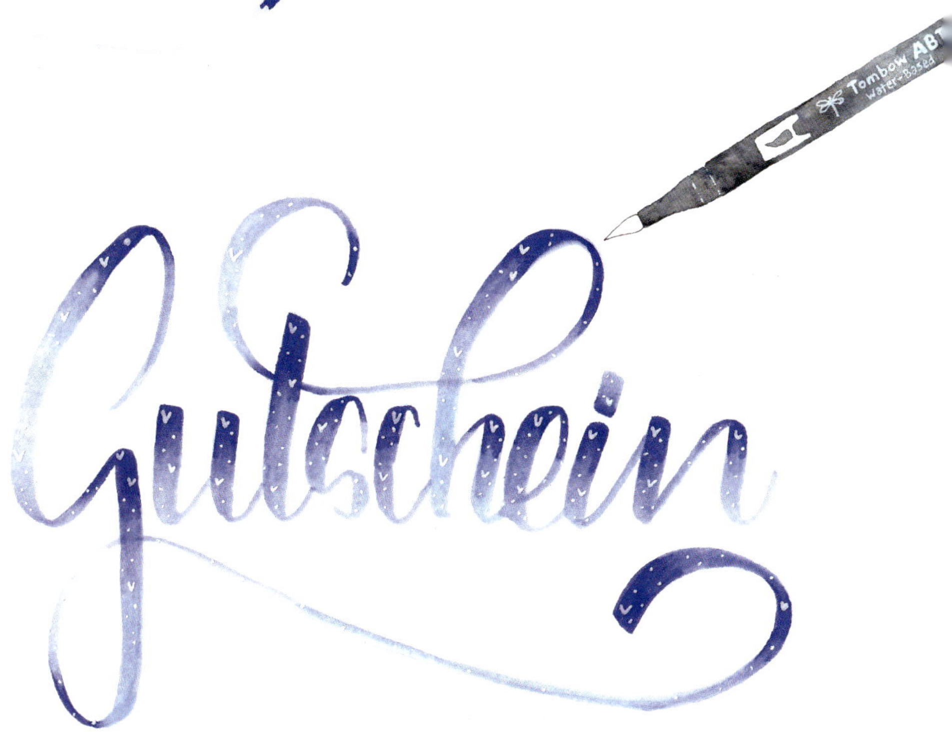

4. Platziere jetzt mit dem Gelstift auch zusätzliche kleine Akzente um dein Lettering herum.

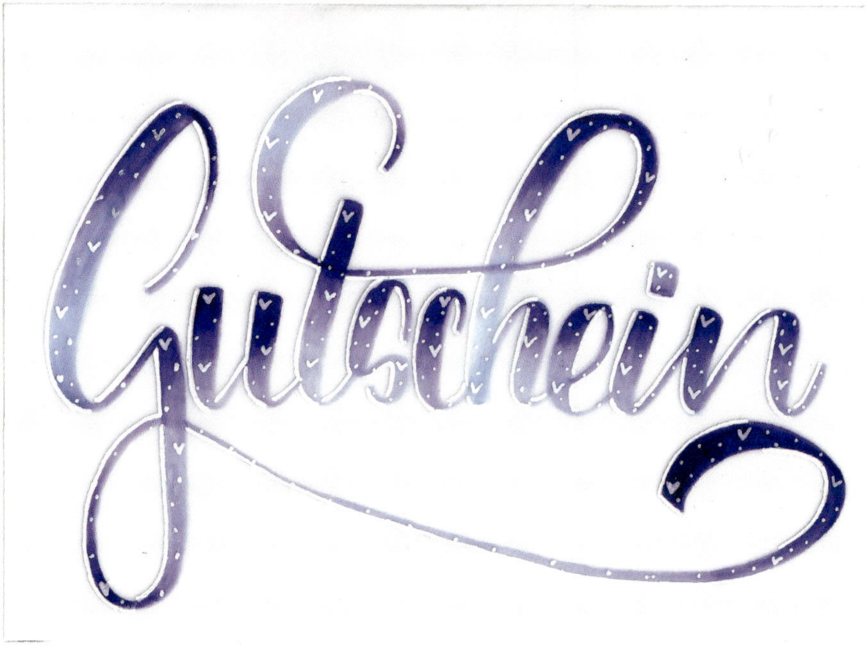


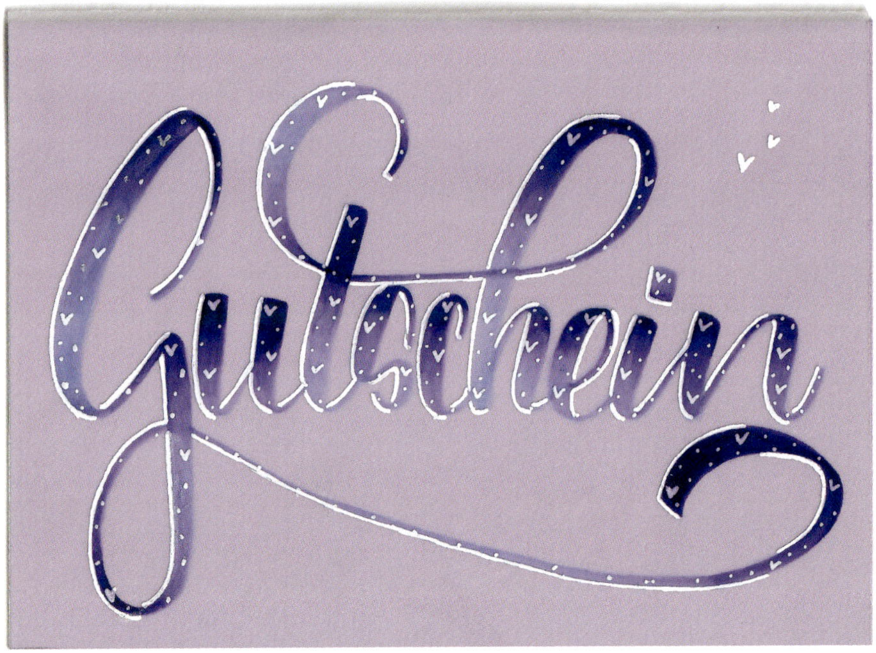


5. Benutze deine Faltkarte als Schablone und schneide dein Transparentpapier nun so zu, dass du es außen um die Faltkarte legen kannst.

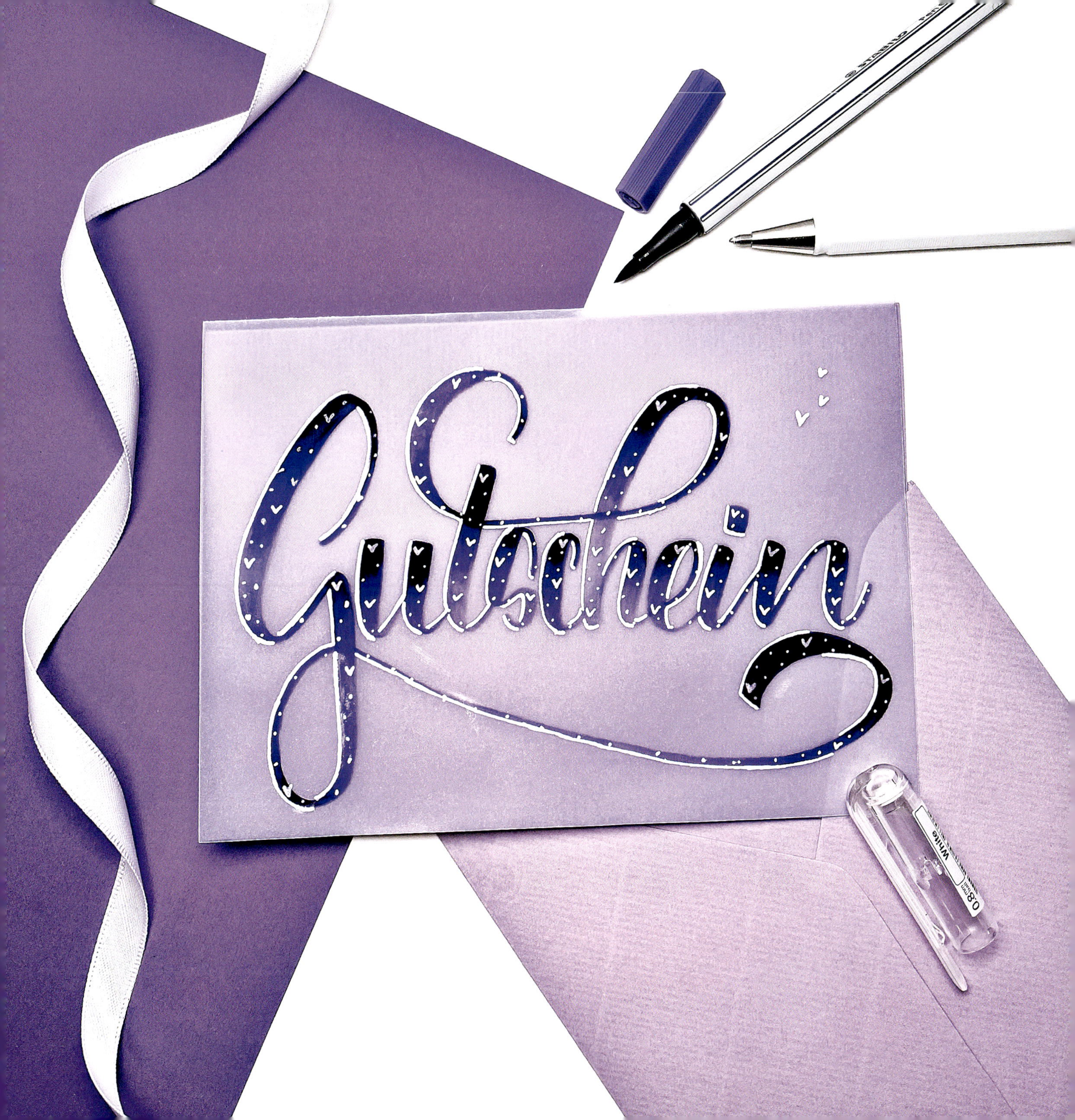
Gutschein

# Cake Topper

Jeder mag Kuchen! Besonders hübsch kommen Torten und Kuchen daher, wenn man sie mit einer kleinen Wimpelkette als Cake Topper verziert. Je nach Anlass kann man also individuell einen Akzent oder eine Botschaft auf seinem Kuchen platzieren.

## Du brauchst:

- **Aquarellpapier**
- **Brush Pens, mittelgroß, in Pastellrot, Apricot, Beige, Hellrosa**
- **Holzstäbchen**
- **Pinsel**
- **Fineliner in Schwarz**
- **Bleistift**
- **Schere**
- **Schnur**
- **Kleber**

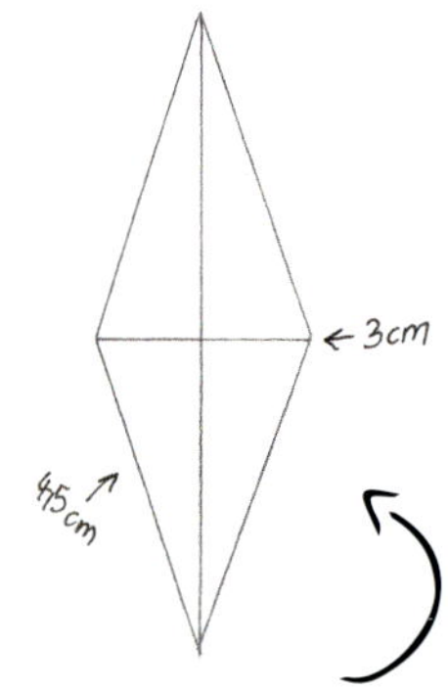


## So geht's:

1. Fertige dir eine rautenförmige Schablone für die Wimpel an. Schneide die Schablone aus und benutze sie als Vorzeichnung.

2. Färbe die Wimpel mit unterschiedlichen Farben wie abgebildet.

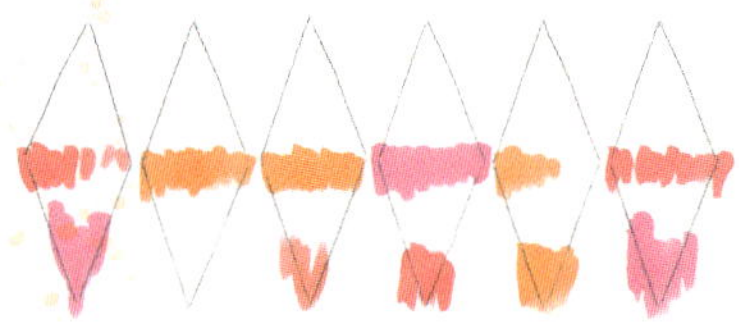

3. Mit einem Pinsel vermalst du die zuvor aufgetragene Farbe zu schönen Farbübergängen.

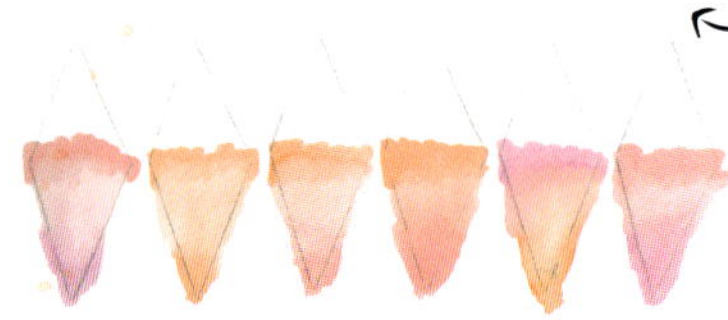

4. Nachdem alles gut getrocknet ist, schreibst du mit dem Fineliner deine Botschaft auf die Wimpel. Benutze für jeden Buchstaben nur einen Wimpel, damit die Nachricht gut lesbar bleibt. Zeichne außerdem noch kleine Elemente wie Herzen oder Pünktchen um die Buchstaben herum.

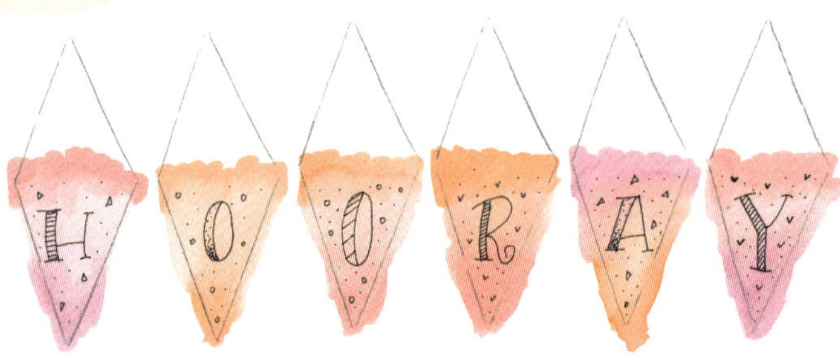


5. Schneide die Wimpel aus, falte sie in der Mitte, lege sie in der richtigen Reihenfolge über eine Schnur und klebe die Wimpel zusammen. Zum Schluss knotest du die Schnur an zwei Holzstäbchen fest und steckst sie in deinen Kuchen.

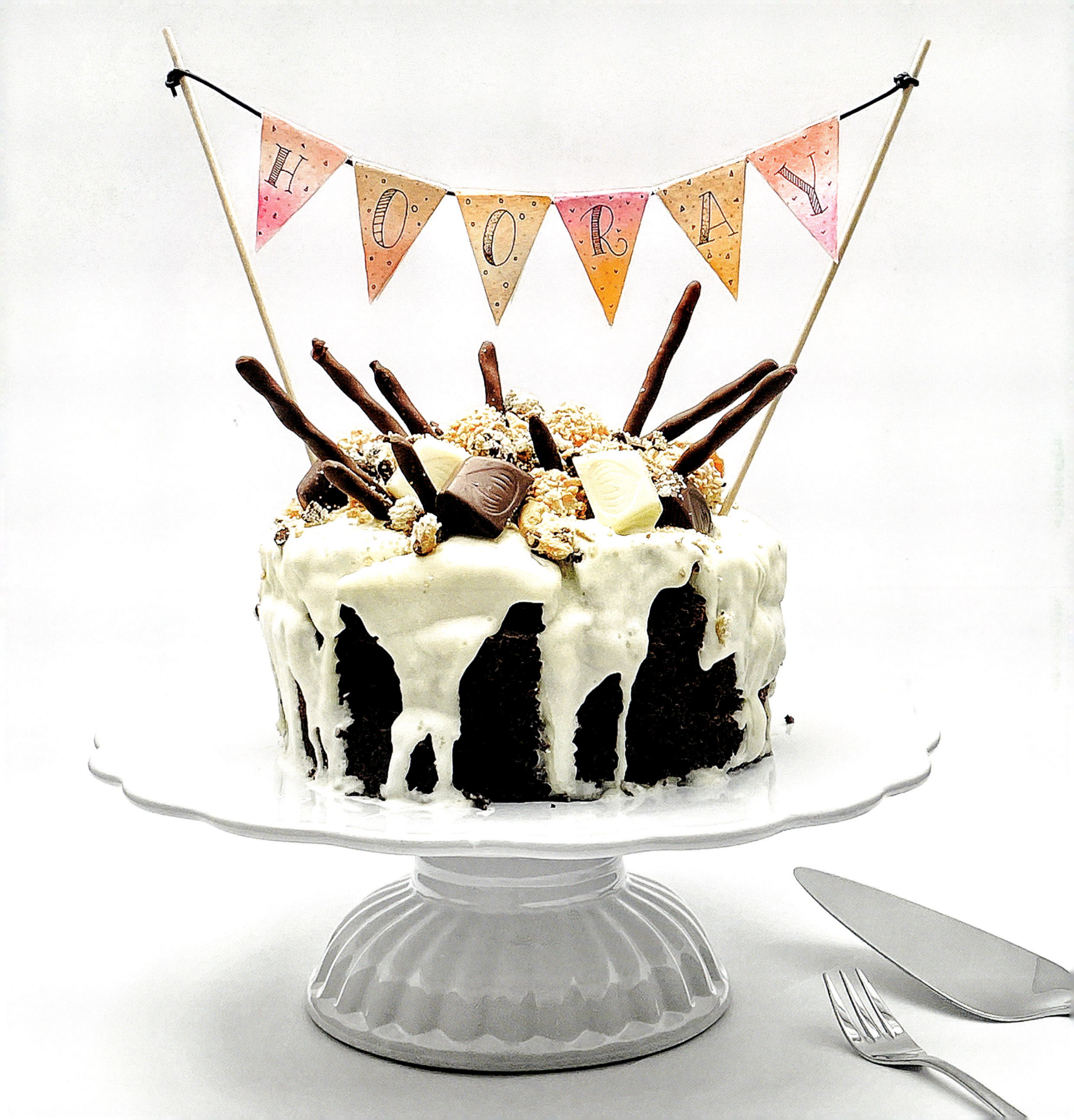
HOORAY

# Hug in a Mug

Wir alle lieben Umarmungen. Manchmal muss es eine aus der Tasse sein. Ein warmer Kakao, ein heißer Kaffee oder ein aromatischer Tee sind hierfür bestens geeignet. Eine passende Tasse zum Lieblingsgetränk darf da natürlich nicht fehlen!

## Du brauchst:

- **Porzellantasse**
- **Bleistift**
- **Kopierpapier**
- **Brush Pen für Porzellan**
- **Nagellackentferner**
- **Wattepad**
- **Klebestreifen**

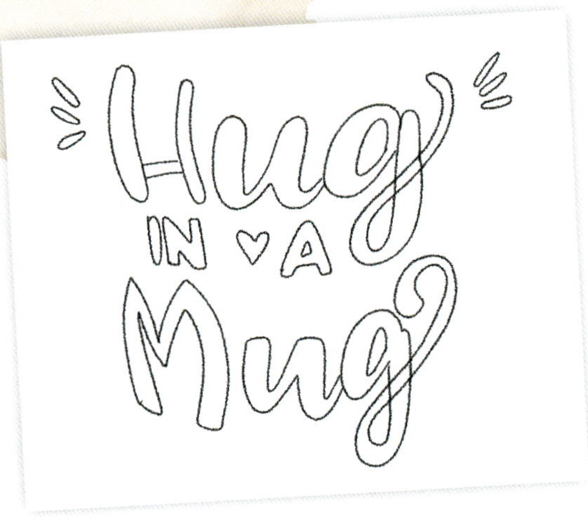


## So geht's:

1. Fertige dein Lettering vorab mit einem Bleistift auf Kopierpapier an.

2. Entfette die Tasse mit Nagellackentferner, damit die Farbe des Brush Pens auch überall gut hält.

3. Übertrage deine Vorzeichnung mithilfe der Transfertechnik (Seite 21) auf die Tasse.
Du kannst die Vorlage auch mit Klebestreifen an der Tasse befestigen, dann verrutscht ganz sicher nichts.

4. Schreibe deine Vorzeichnung mit dem Brush Pen auf der Tasse nach. Solltest du dich verschrieben haben oder dir dein Lettering nicht gefallen, kannst du mit einem trockenen Küchentuch die Farbe ganz leicht von der Tasse wischen.

5. Nachdem du deine Tasse gemäß Herstellerangaben des Brush Pens im Backofen gebrannt hast, ist dein Lettering haltbar. Die Vorzeichnung kannst du jetzt mit einem Tuch abwischen.
Bitte beachte, dass selbst gestaltete Porzellantassen leider nicht spülmaschinenfest sind.

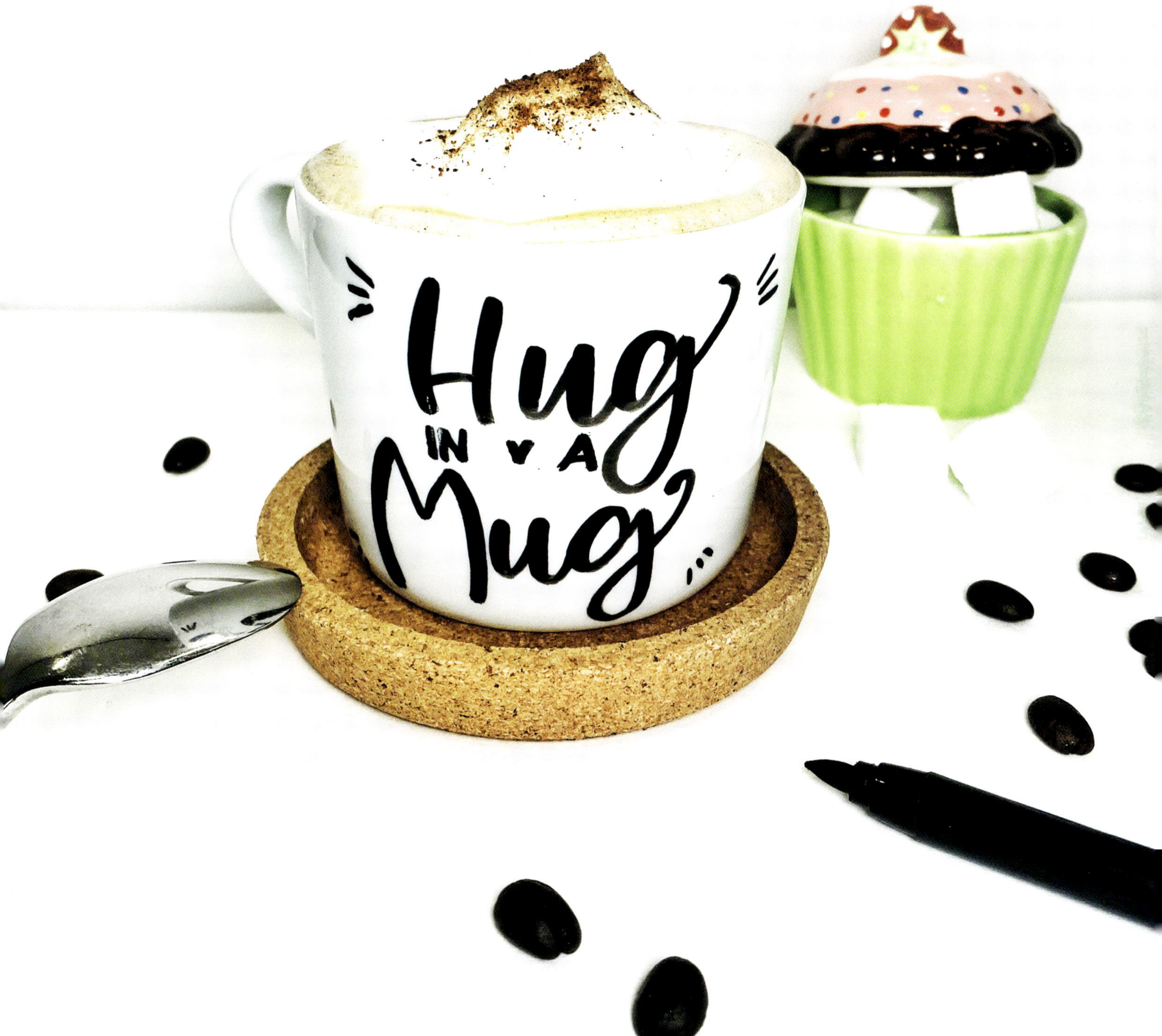
Hug
IN A
Mug

# Baby

Wenn ein Baby geboren wird, ist das immer sehr aufregend und oft stellt man sich die Frage, was man denn noch schenken könnte. Eine handgemachte Geburtsanzeige kommt immer prima bei den frischgebackenen Eltern an und ist zudem eine sehr schöne Deko für das Babyzimmer.

## Du brauchst:

- **Aquarellpapier**
- **Bleistift**
- **Brush Pens, mittelgroß, in z. B. Hellblau, Dunkelblau, Hellbraun, Dunkelbraun, Rosa Pink**
- **Pinsel**
- **Fineliner in passenden Farben**
- **Radiergummi**

## So geht's:

1. Zeichne das Grundgerüst für die Geburtsanzeige mit Bleistift auf deinem Papier vor. Für die einzelnen Daten in den Boxen stellst du dir drei bis maximal vier Farben, die gut miteinander harmonieren, zusammen und füllst die Boxen entsprechend mit unterschiedlichen Schriften aus.

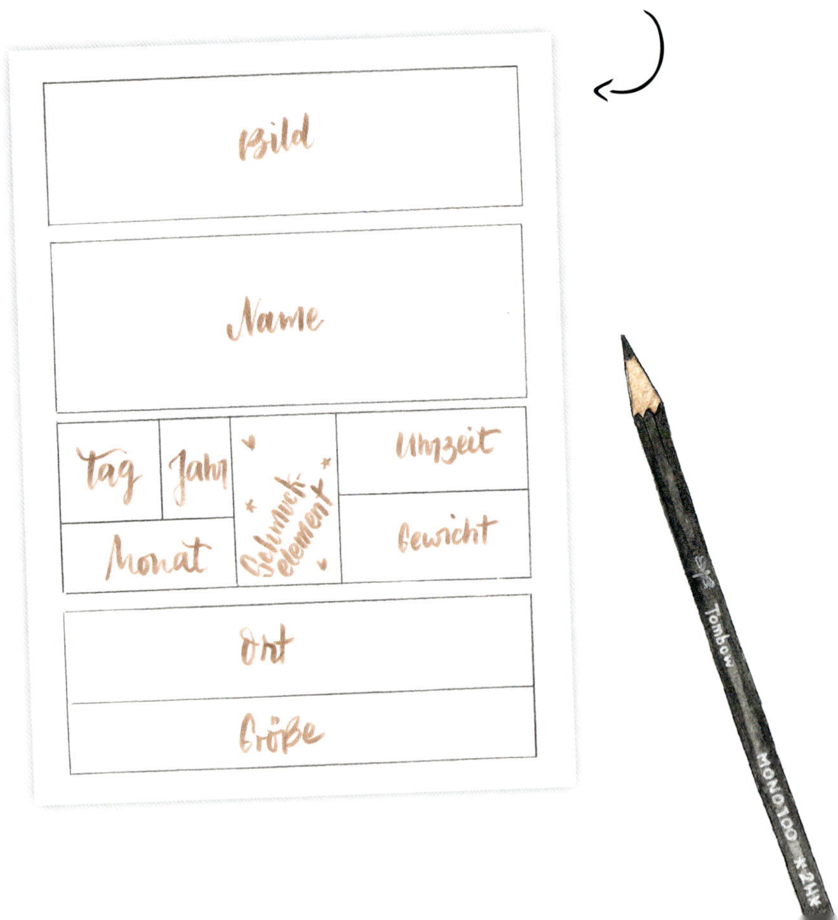

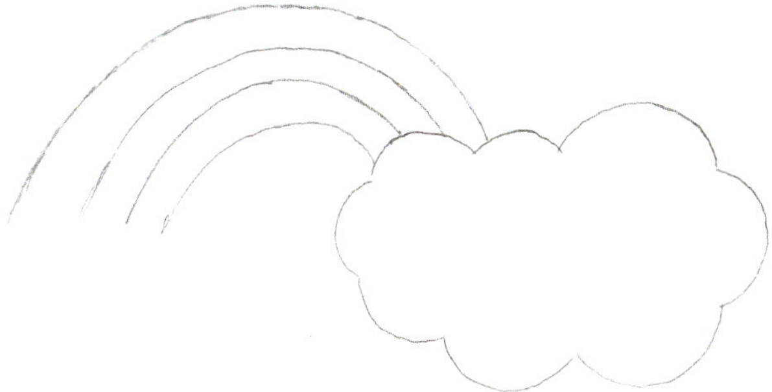

2.

Skizziere nun das Motiv, welches ganz oben auf der Geburtsanzeige das Baby begrüßt.

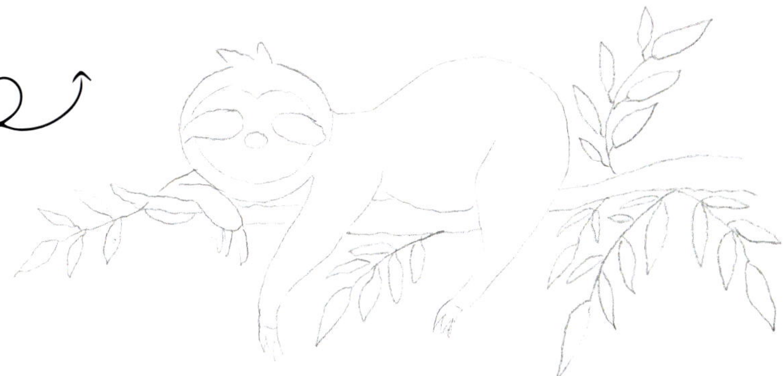

3.

Setze mit dem Brush Pen einige Striche für die unterschiedlichen Schattierungen in dein Motiv.

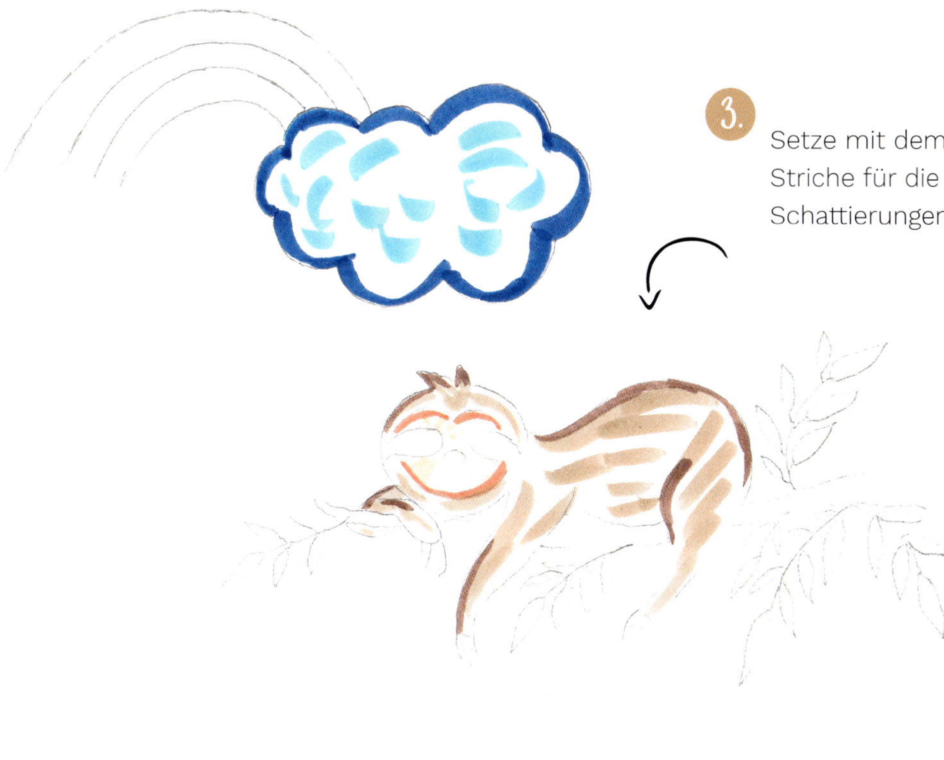

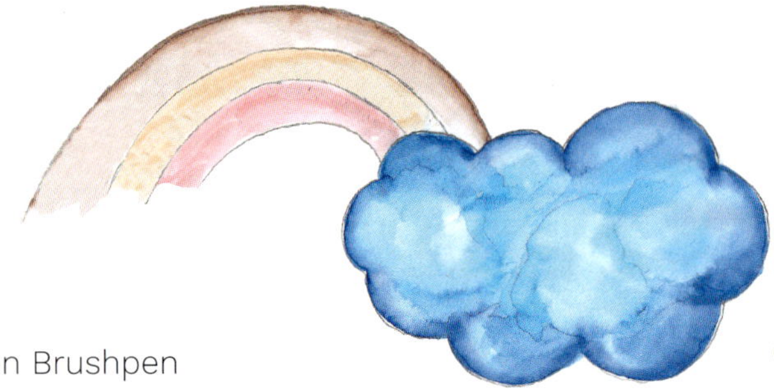

**4.** Feuchte deinen Pinsel an und vermale die Pigmente vollflächig auf deiner Motivfläche. Lasse sie gut trocknen, bevor du mit dem letzten Schritt beginnst.

**5.** Mit einem hellen Brushpen fertigst du nun dein Lettering an. Nachdem du den Babynamen gelettert hast, versiehst du den Schriftzug noch mit einem Blending in einer dunkleren Farbe. Zusätzlich kannst du kleine Punkte als Akzente an dein Lettering malen. Mit einem Fineliner ergänzt du die Details und umrandest dein Motiv. Entferne vorsichtig deine Vorzeichnung mit dem Radiergummi.

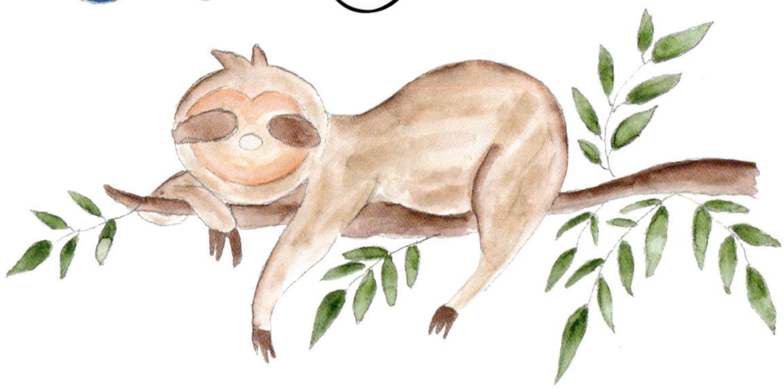

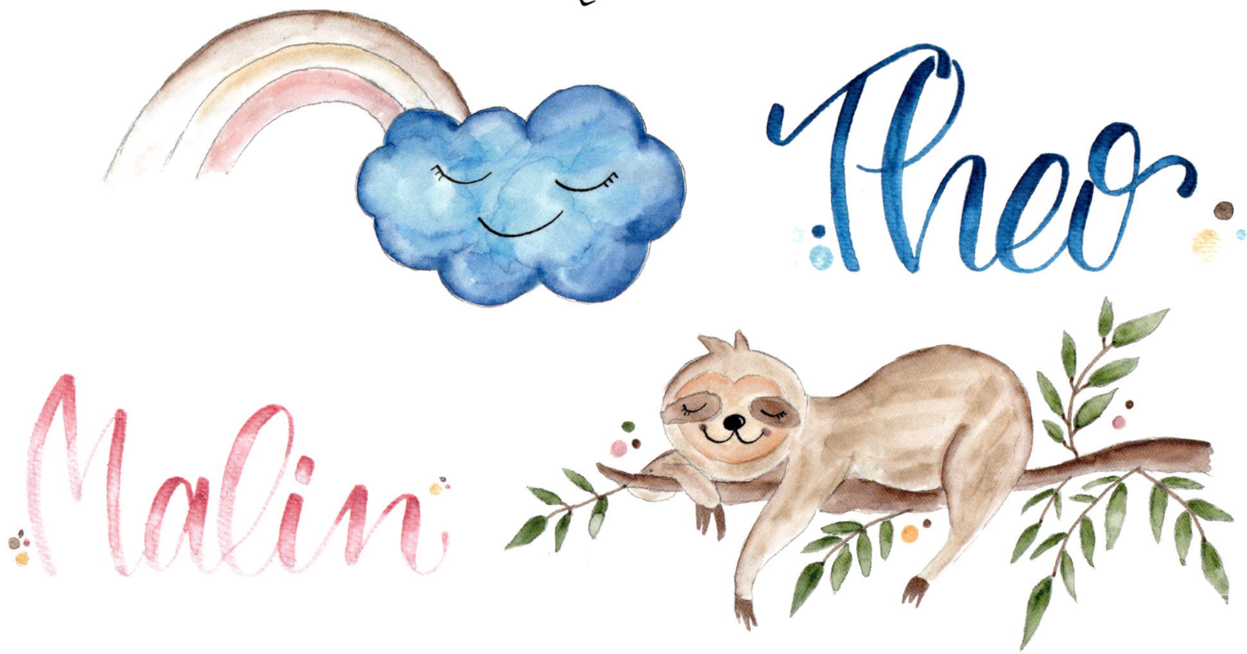

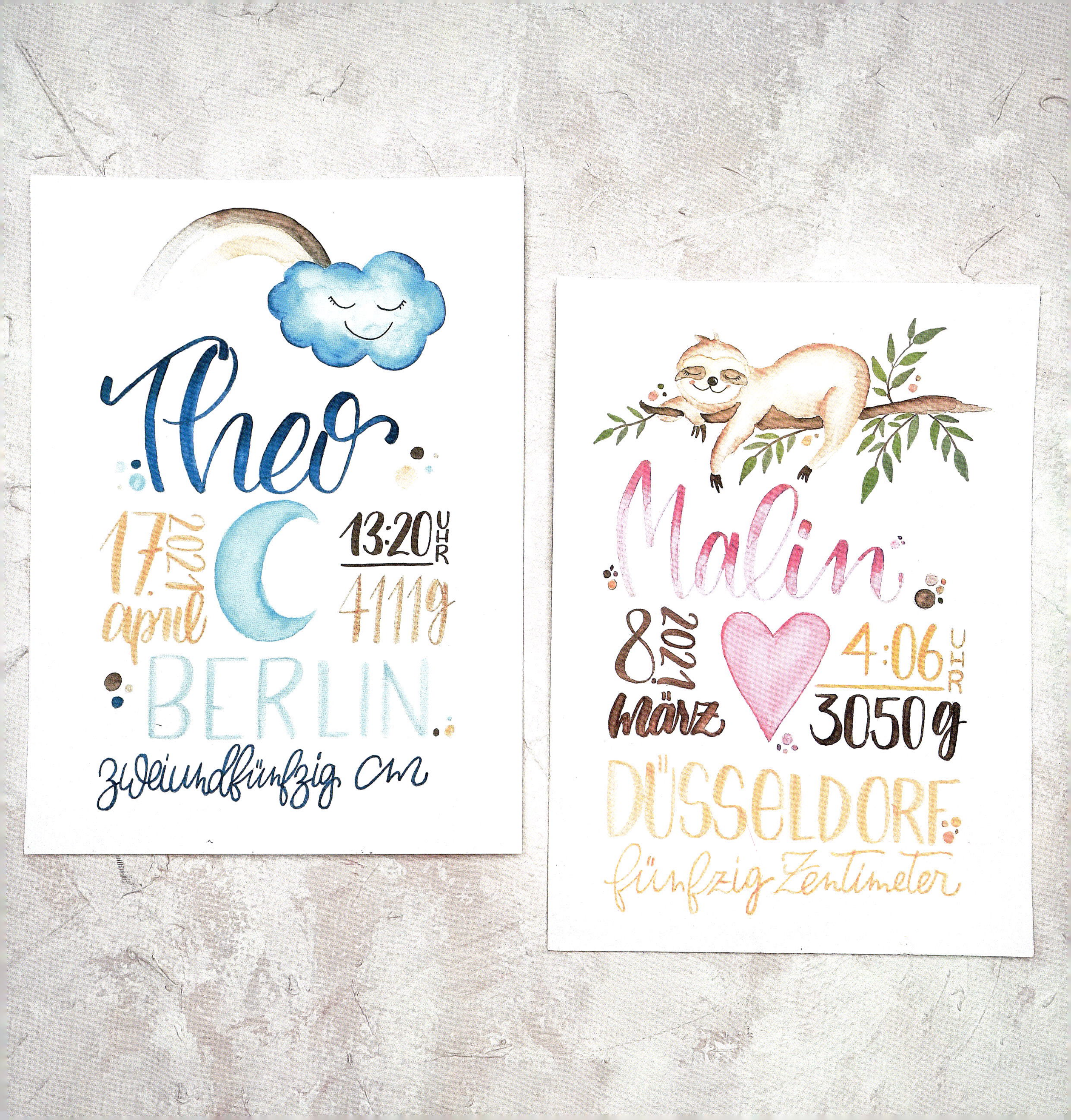
Theo
17.
2021
april
13:20 UHR
4111g
BERLIN
zweiundfünfzig cm
Malin
8.
2021
märz
4:06 UHR
3050 g
DÜSSELDORF
fünfzig Zentimeter

# Ballon

Für mich bedeutet es ein Stück Freiheit, ein weißes Blatt Papier zu beleben und sich darauf künstlerisch „austoben“ zu können. Die Gedanken schweifen ab und manchmal entsteht wie aus dem Nichts heraus ein schönes Kunstwerk. Schiller hat das schon sehr schön ausgedrückt. Sein Zitat habe ich mit einem Heißluftballon in Verbindung gebracht. Für dieses Projekt benötigst du etwas mehr Wasser, deswegen empfehle ich dir, Aquarellpapier zu verwenden.

## Du brauchst:

- **Aquarellpapier**
- **Bleistift**
- **Brush Pens, mittelgroß, in Hellblau, Blaugrün, Petrol**
- **Pinsel**
- **Fineliner, feine Strichstärke**
- **Radiergummi**

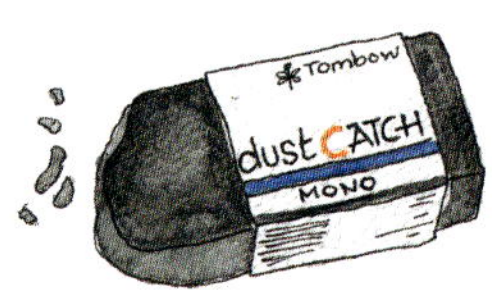


## So geht's:

1. Lege die Skizze des Heißluftballons auf der linken Seite deines Papieres mit dem Bleistift an. Beginne mit einem Kreis im oberen Teil, zeichne dann darunter den Korb und ergänze die Seile und groben Details.

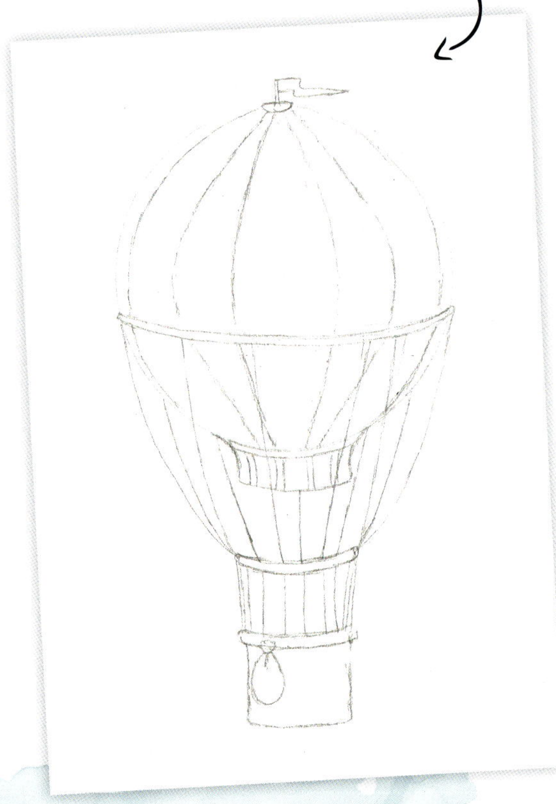

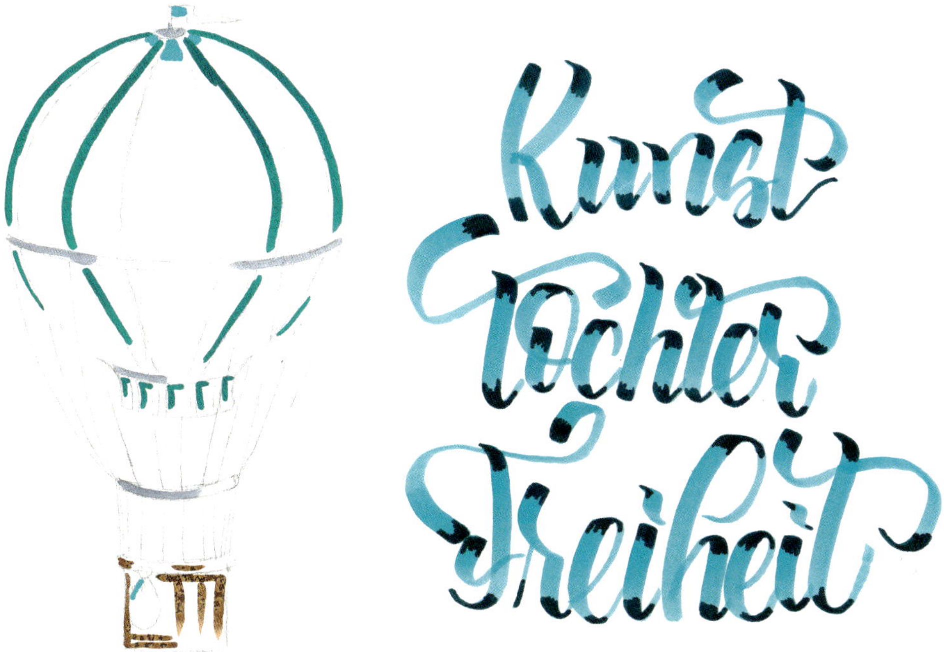


2. Setze einzelne Farbflächen in deinen Heißluftballon und füge die wichtigsten Worte für dein Brush Lettering hinzu. Lege hier ebenfalls die Farbflächen für ein Blending an.

3. Mit einem feuchten Pinsel ziehst du nun die Farbpigmente in die Flächen deines Heißluftballons und verblendest dein Lettering.

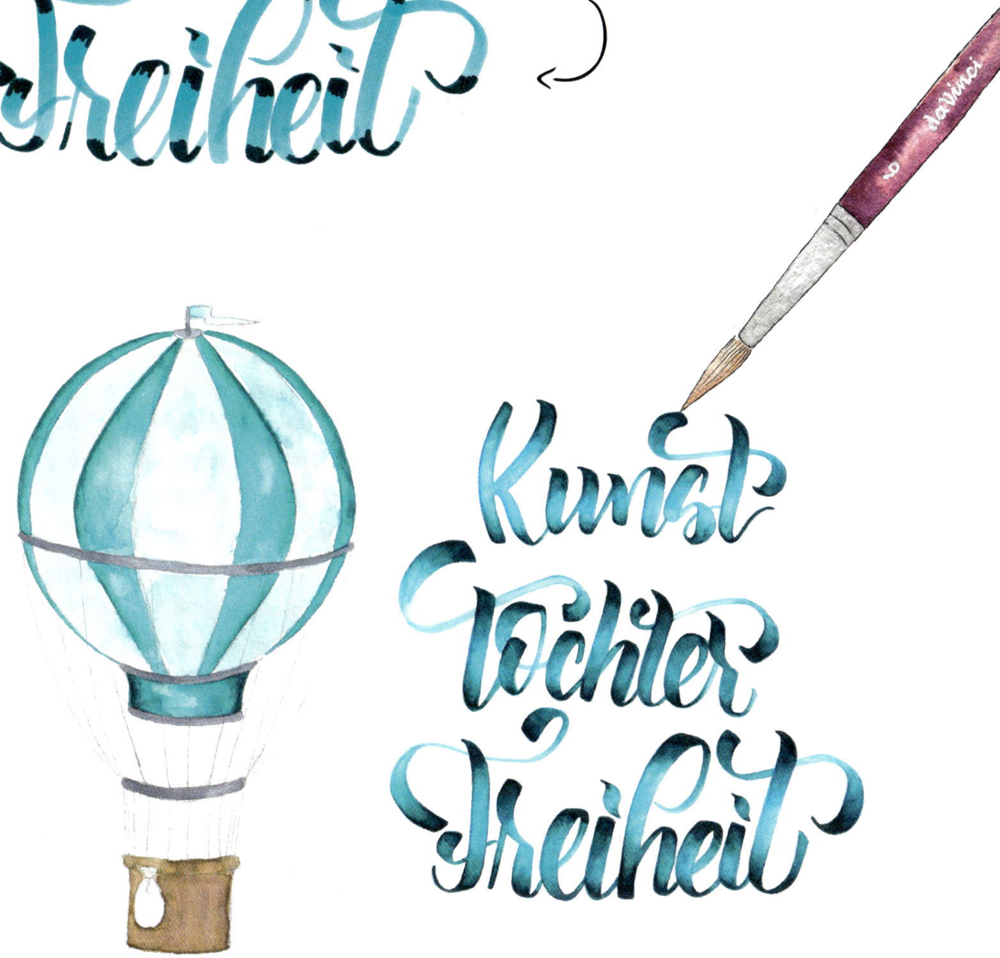

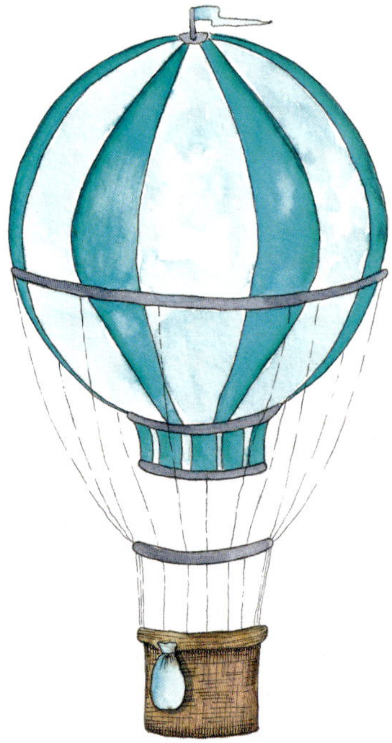

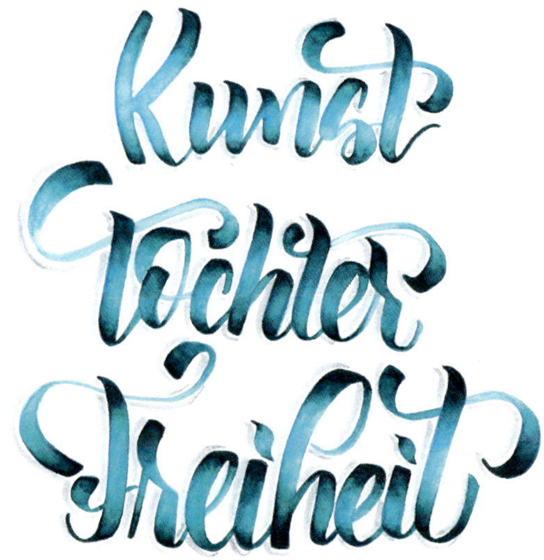


**4.** Nachdem alles gut getrocknet ist, malst du mit einem hellen Grau die Schatten an deine Buchstaben.

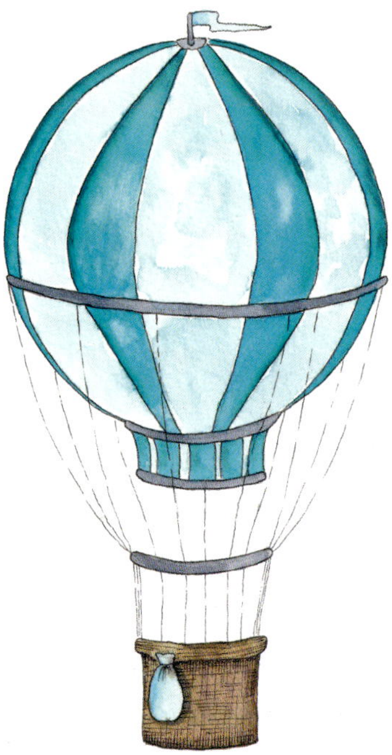

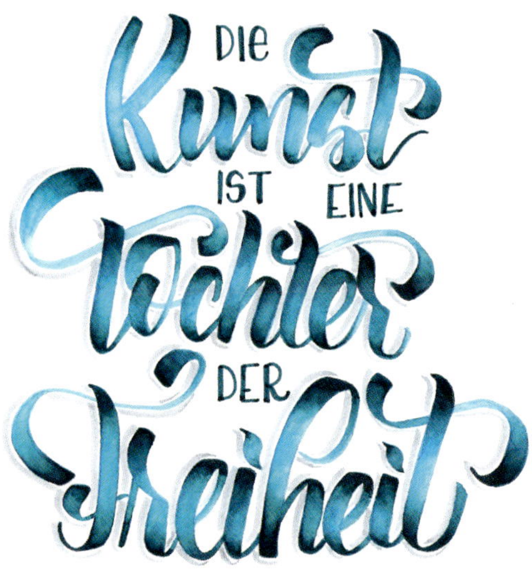


**5.** Zum Schluss ergänzt du die fehlenden Worte in deinem Lettering. Ist alles gut getrocknet, kannst du deine Vorzeichnung mit dem Radiergummi entfernen.

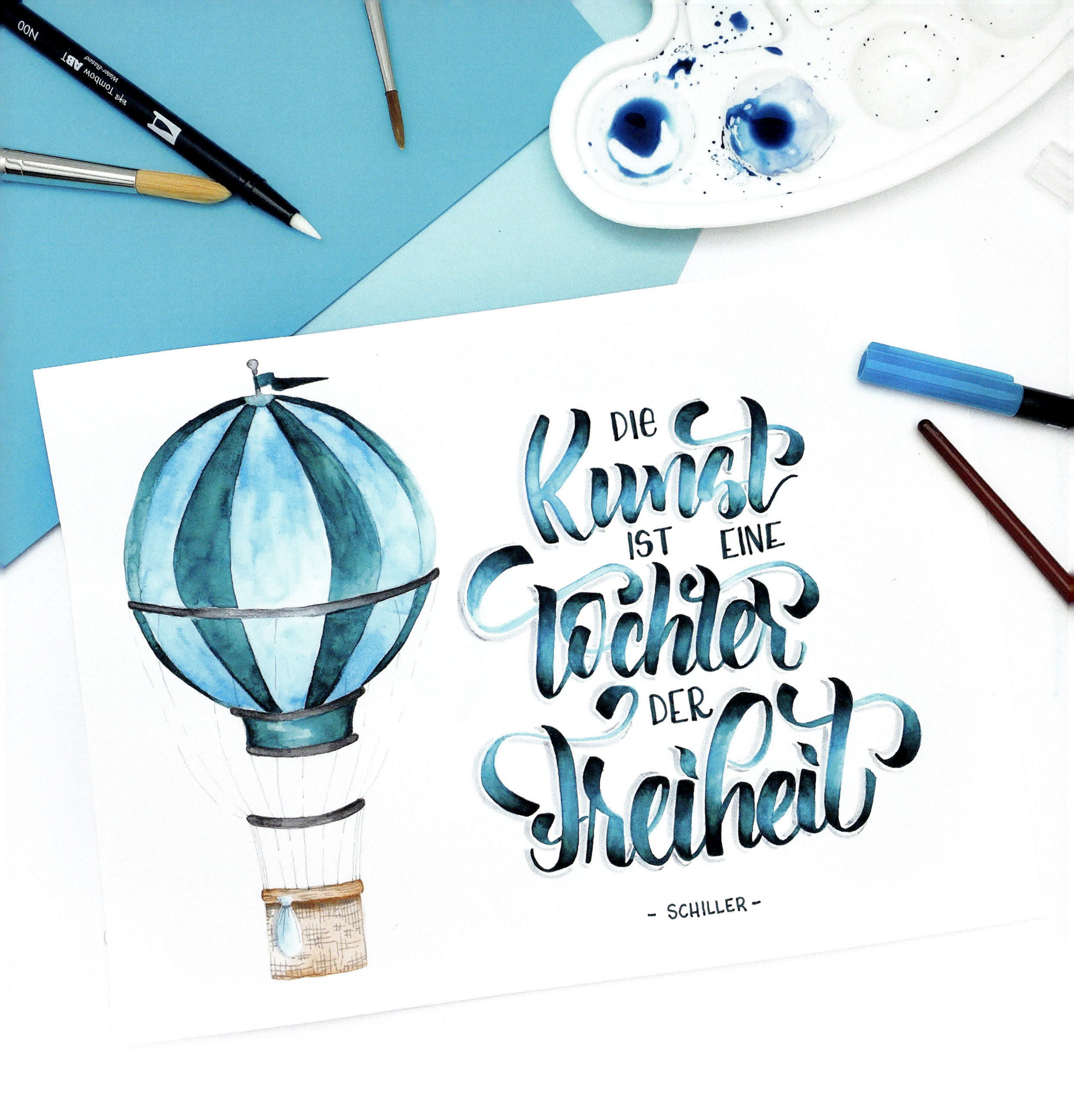
Die Kunst ist eine Tochter der Freiheit
- SCHILLER -

# Bullet Journal

Die Gestaltung eines Bullet Journals ist ein toller Trend. Hierbei gestaltet man sich seinen ganz eigenen, individuellen Kalender selbst. Natürlich möchte man dabei auch besonderes Augenmerk auf die Überschriften und die Gestaltung der Wochentage legen. Was bietet sich da besser an als mit Brush Pens gestaltete Letterings?

## Du brauchst:

- **Notizbuch**
- **Bleistift**
- **Brush Pens, mittelgroß, in deinen Lieblingsfarben**
- **Brush Pen, klein, in Schwarz**
- **Blending Pen**
- **Fineliner in Schwarz**
- **Gelstift in Weiß**

## So geht's:

1.

**Montag:** Ziehe mit einem Brush Pen einen Bogen auf dein Papier.
**Dienstag:** Schreibe diesen Wochentag mit einem mittelgroßen Brush Pen.
**Mittwoch:** Zeichne diesen Wochentag mit einem Bleistift vor.
**Donnerstag:** Schreibe diesen Wochentag mit einem mittelgroßen Brush Pen.
**Freitag:** Auch diesen Wochentag letterst du mit einem mittelgroßen Brush Pen.
**Sonntag:** Schreibe mit einem mittelgroßen Brush Pen den Wochentag in Druckbuchstaben.
**Wochenende:** Auch dieses Lettering fertigst du mit einem mittelgroßen Brush Pen an.

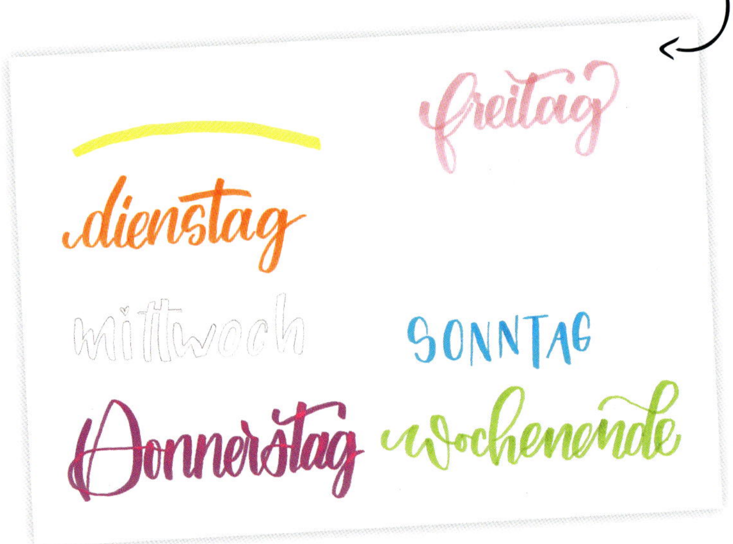

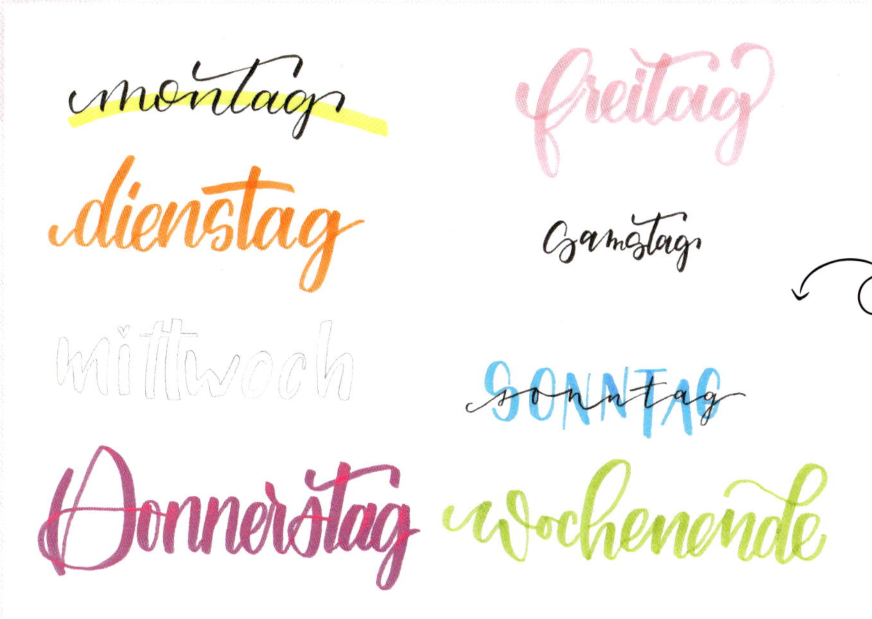


**2.** **Montag:** Lettere mit einem kleinen Brush Pen den Wochentag in deinen Bogen. **Samstag:** Auch diesen Wochentag letterst du mit einem kleinem Brush Pen. **Sonntag:** Lettere mit einem Fineliner den Wochentag in Schreibschrift genau über deine Druckbuchstaben. Achte darauf, dass jeder Buchstabe der Schreibschrift exakt auf dem Druckbuchstaben platziert wird.

**3.** **Dienstag:** Mit einem Fineliner setzt du viele kleine Punkte rund um dein Lettering. Achte darauf, dass die Punkte direkt an der Schrift ganz eng platziert werden. Je weiter du dich mit deinen Pünktchen von deinem Lettering entfernst, umso größer werden die Abstände der Punkte. **Donnerstag:** Zeichne mit einem Fineliner kleine Ranken und Blättchen rund um dein Lettering. **Freitag:** Gestalte eine 3D-Schrift. **Wochenende:** Male in den oberen Teil der Buchstaben Farbflächen in einem dunkleren Ton.

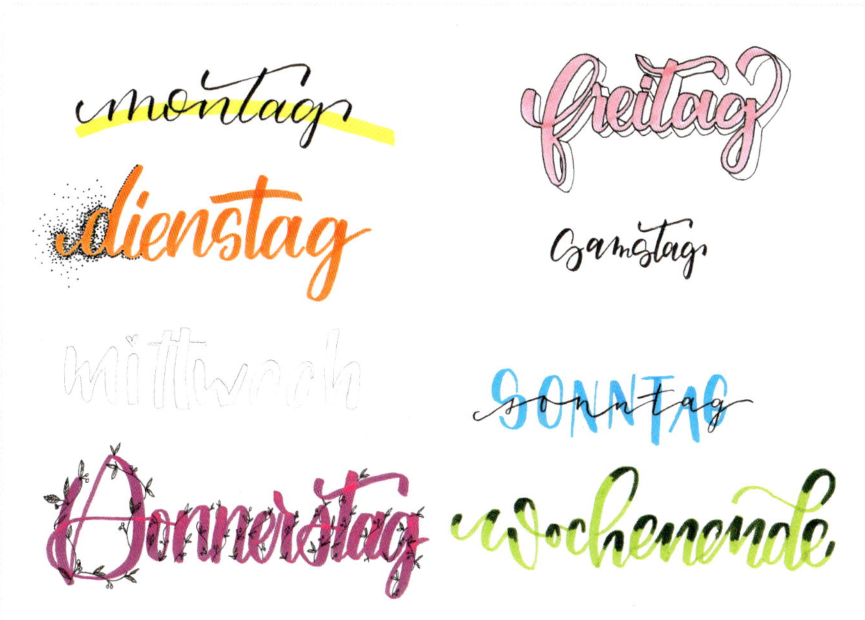

4. **Mittwoch:** Male ein wolkiges Gebilde um deine Vorzeichnung, erst mit einem hellen, später mit einem dunkleren Ton. Verblende die Farbflächen mit deinem Blending Pen. Wenn du magst, kannst du mit einem weißen Gelstift Akzente setzen.
**Freitag:** Färbe die perspektivischen Flächen grau ein.
**Samstag:** Füge deinem Lettering ein paar Sprenkel hinzu.
**Wochenende:** Verblende deine zuvor angelegten Farbflächen mit einem Blending Pen.

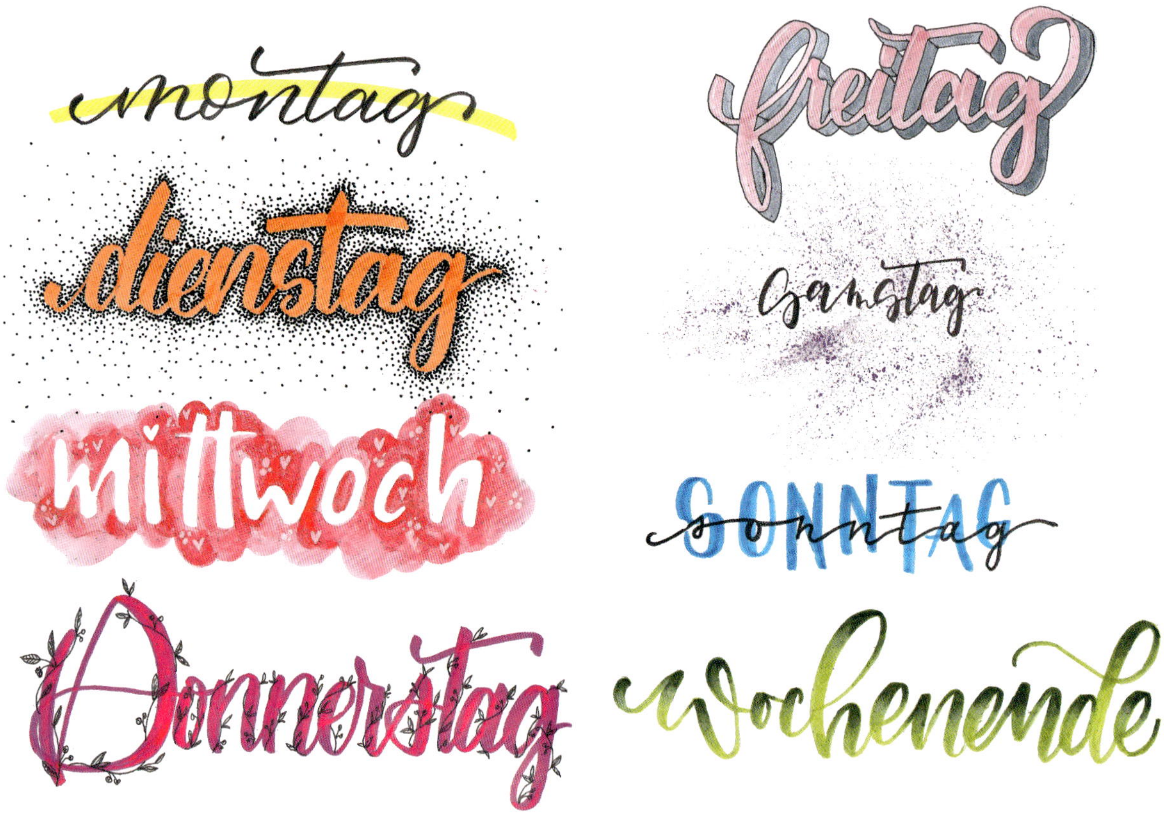


Natürlich kannst du auch die Monatsnamen oder andere Überschriften in deinem Kalender auf diese Art und Weise gestalten. Verwende nicht zu viele unterschiedliche Schriftarten auf einer Seite, das kann schnell unruhig werden.

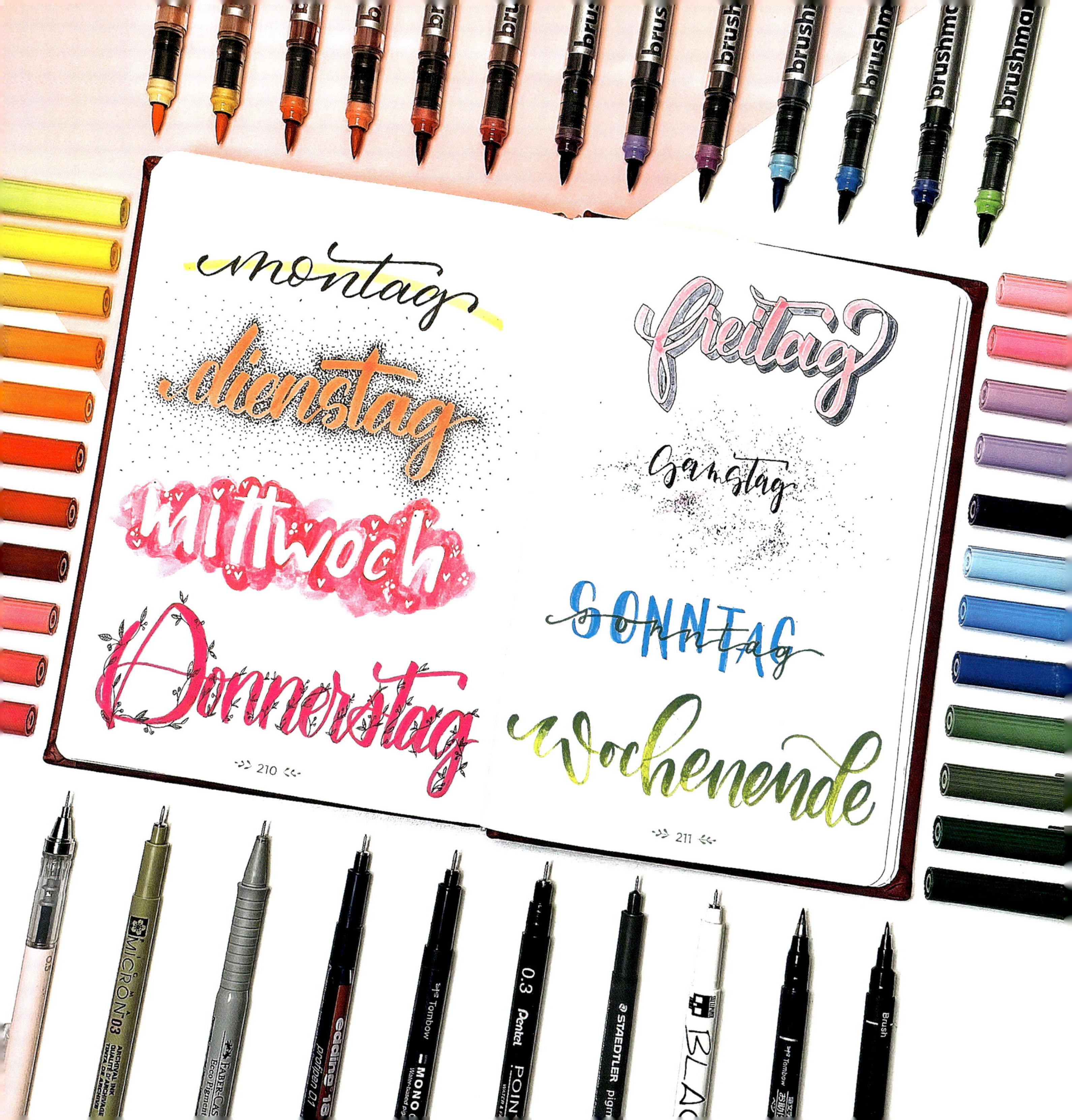
montag
dienstag
mittwoch
Donnerstag
210
freitag
Samstag
SONNTAG
sonntag
wochenende
211
MICRON 03
Tombow
0.3
Pentel
STAEDTLER
Tombow
Brush

# Lesezeichen

Bücher entführen uns in eine andere Welt. Beim Lesen eines guten Buches kann man herrlich abschalten und entspannen. Und wer kennt es nicht: Man möchte (oder sollte) eigentlich schlafen und überredet sich selbst noch zu einer weiteren Seite … oder eben noch weiteren fünf Minuten.

## Du brauchst:

- **Aquarellpapier**
- **Bleistift**
- **Brush Pens, mittelgroß, in Schwarz, Dunkelgrau, Hellgrau**
- **Brush Pen, klein, in Schwarz**
- **Pinsel**
- **Gelstift in Weiß**
- **Fineliner in Schwarz**
- **Radiergummi**
- **Schere**
- **Bändchen**
- **Stanzer**

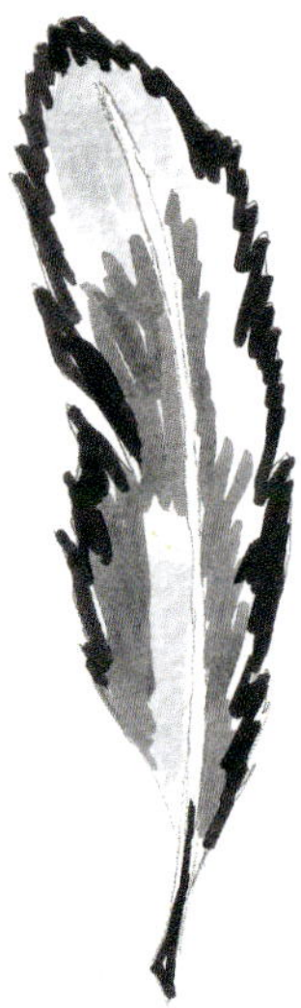

## So geht's:

1. Lege eine grobe Skizze deiner Feder mit einem Bleistift auf deinem Aquarellpapier an.

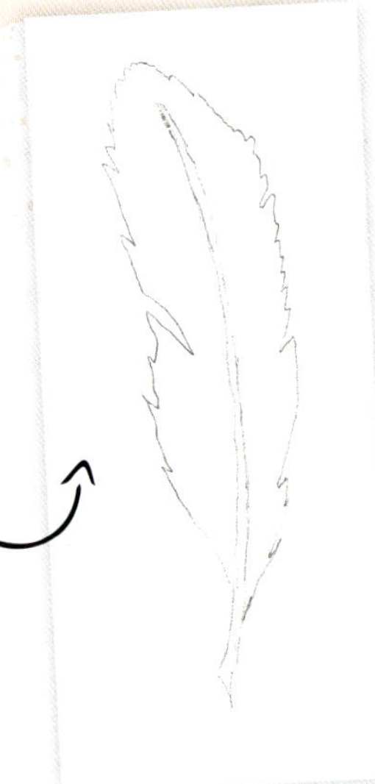

2. Färbe die Ränder der Feder in Schwarz. Innen benutzt du an einigen Stellen Dunkelgrau und Hellgrau. Male die Feder nicht komplett aus, einzelne Farbflächen reichen.

3. Vermale die Farbflächen mit Wasser. Achte darauf, dass du helle und dunkle Bereiche erhältst, die Feder wirkt dann einfach lebendiger.

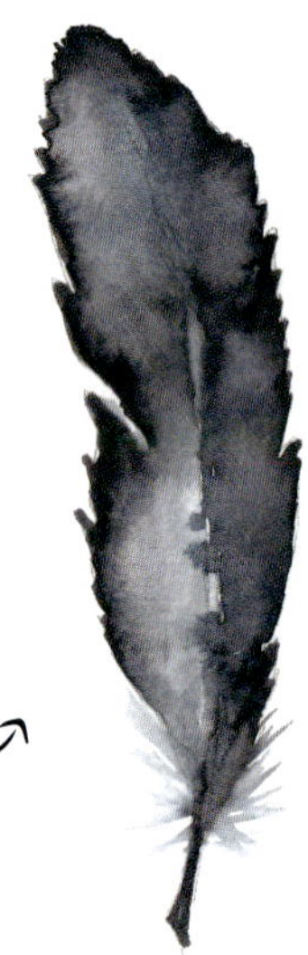

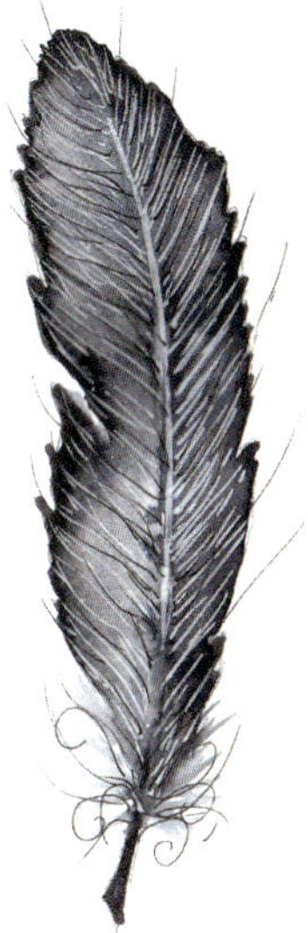

4. Mit dem Fineliner und dem Gelstift zeichnest du anschließend viele feine Striche auf die Feder. Am Federkiel unten dürfen sich die feinen Striche auch ein bisschen kräuseln. Mit einem Radiergummi entfernst du nun vorsichtig deine Vorzeichnung.

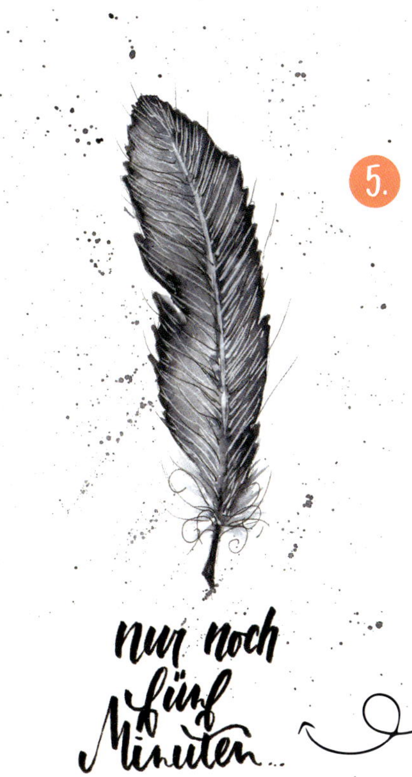


5. Mit dem kleinen Brush Pen schreibst du nun dein Lettering unter die Feder. Wenn du magst, kannst du dem Lesezeichen auch noch ein paar Sprenkel hinzufügen. Schneide dein Lesezeichen aus, stanze mit dem Locher ein Loch in das obere Ende und befestige ein hübsches Bändchen daran.

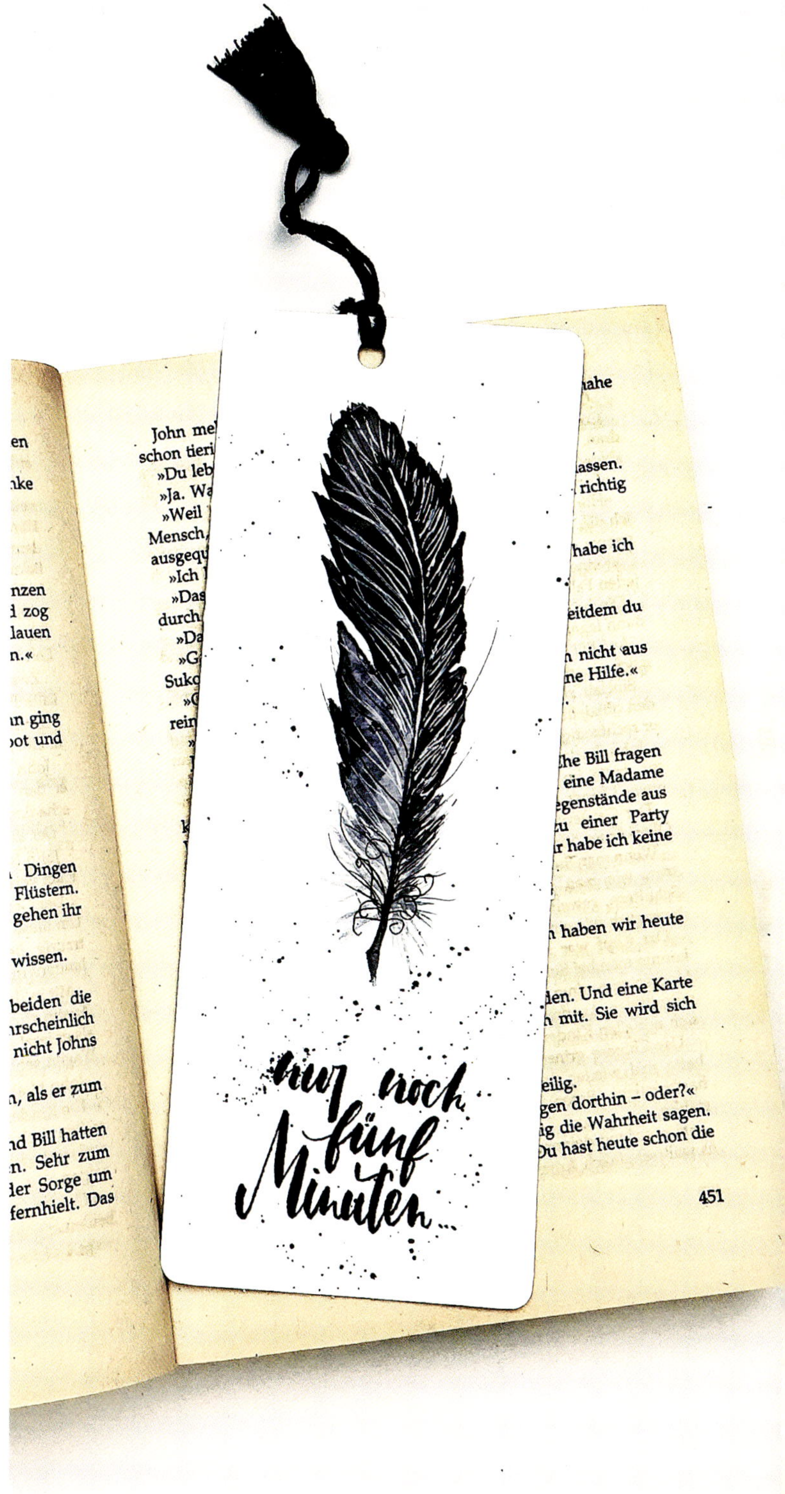

# Kalender

Im Projekt Bullet Journal habe ich dir schon gezeigt, wie viele unterschiedliche Überschriften, auch Header genannt, man für einen selbst gestalteten Kalender benutzen kann. In diesem Projekt gestaltest du eine Monatsübersicht, ein Monthly. Dieses besteht zumeist aus zwei Seiten: dem Monats-Cover mit Monatsnamen und Illustration und einer Übersicht für die Termine, die in diesem Monat anstehen. Für dieses Projekt habe ich mich für Apfelblüten im Wonnemonat Mai entschieden.

## Du brauchst:

- **Bleistift,**
- **Notizbuch**
- **Brush Pens, mittelgroß, in Hellrosa, Gelbgrün, Dunkelgrün, Hellbraun**
- **Pinsel oder Blending Pen**
- **Fineliner in Schwarz**
- **Radiergummi**

## So geht's:

1. Schreibe auf die linke Seite der zu gestaltenden Doppelseite den Monatsnamen Mai in Gelbgrün und lege mit dem dunkleren Grünton ein Blending an. Darunter skizzierst du mit Bleistift die Apfelblüten.

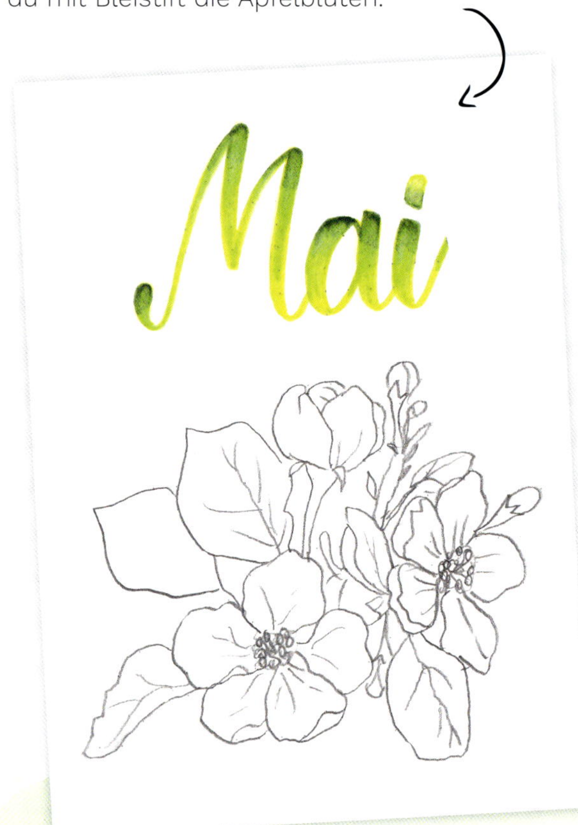

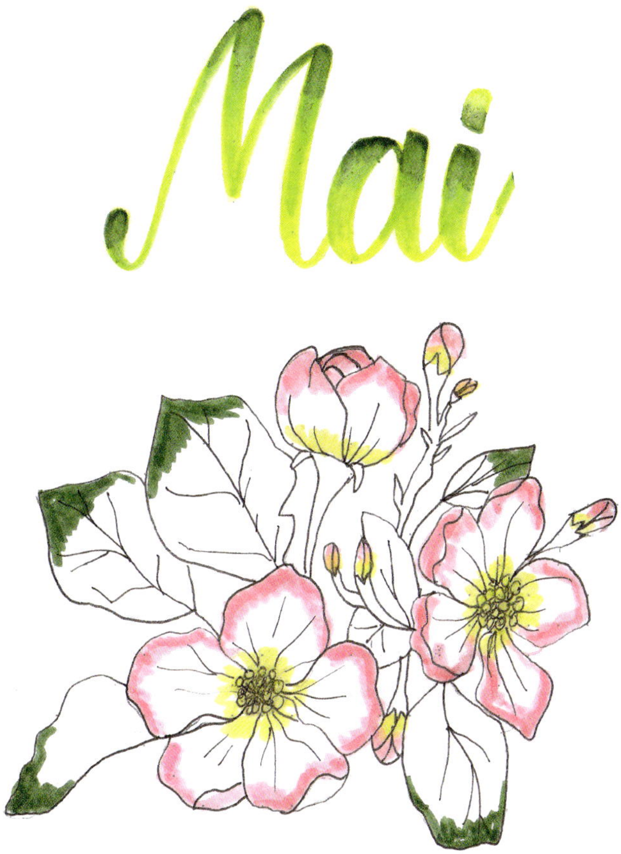


2. Ziehe die Konturen mit einem Fineliner nach und koloriere die Blüten und Blätter. Die Blütenstempel malst du Gelbgrün aus, die Ränder der Blütenblätter Rosa und die Blätter bekommen Blattspitzen in Dunkelgrün.

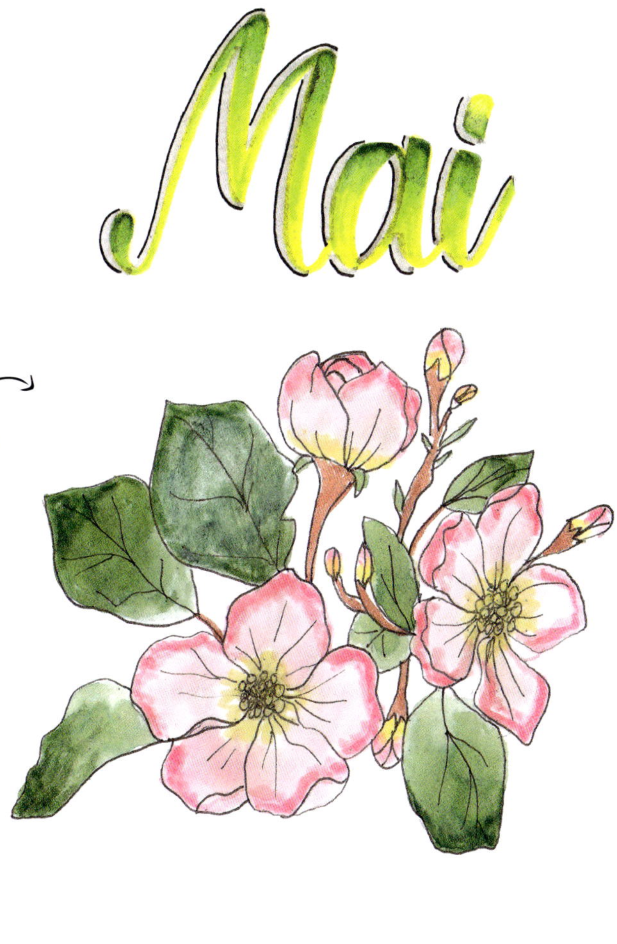


3. Nach dem Verblenden der Farben kannst du deinem Lettering noch mehr Tiefe verleihen, indem du Schatten und Teilkonturen hinzufügst.

4. Auf die rechte Seite der Doppelseite schreibst du oben mit einem Brush Pen in Gelbgrün das Wort TERMINE und fügst auch hier ein Blending sowie Teilkonturen hinzu.
Darunter schreibst du mittig auf das Blatt die Zahlen 1–31 sowie davor die Wochentage in eine Spalte des Punktrasters.

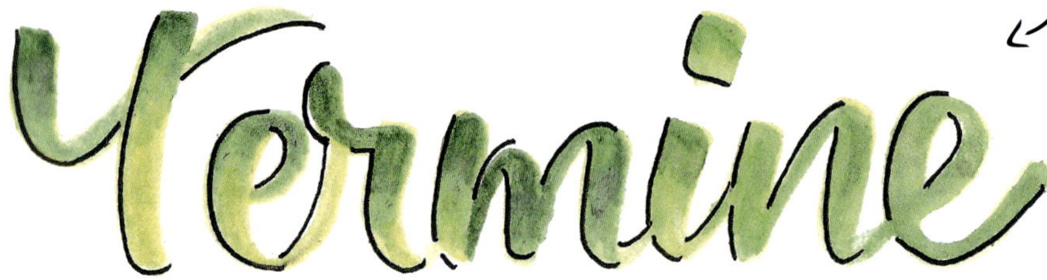


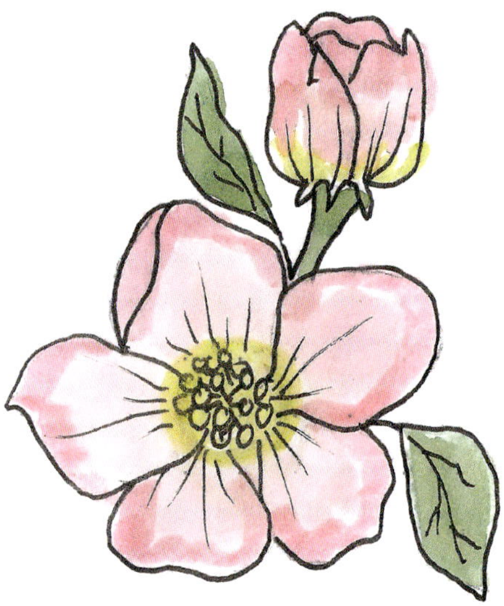

5. Füge eine kleine Apfelblüte noch am Fuß der rechten Seite hinzu.
Trage jetzt deine Termine, Geburtstage und Feiertage ein und du wirst keinen wichtigen Termin mehr verpassen.

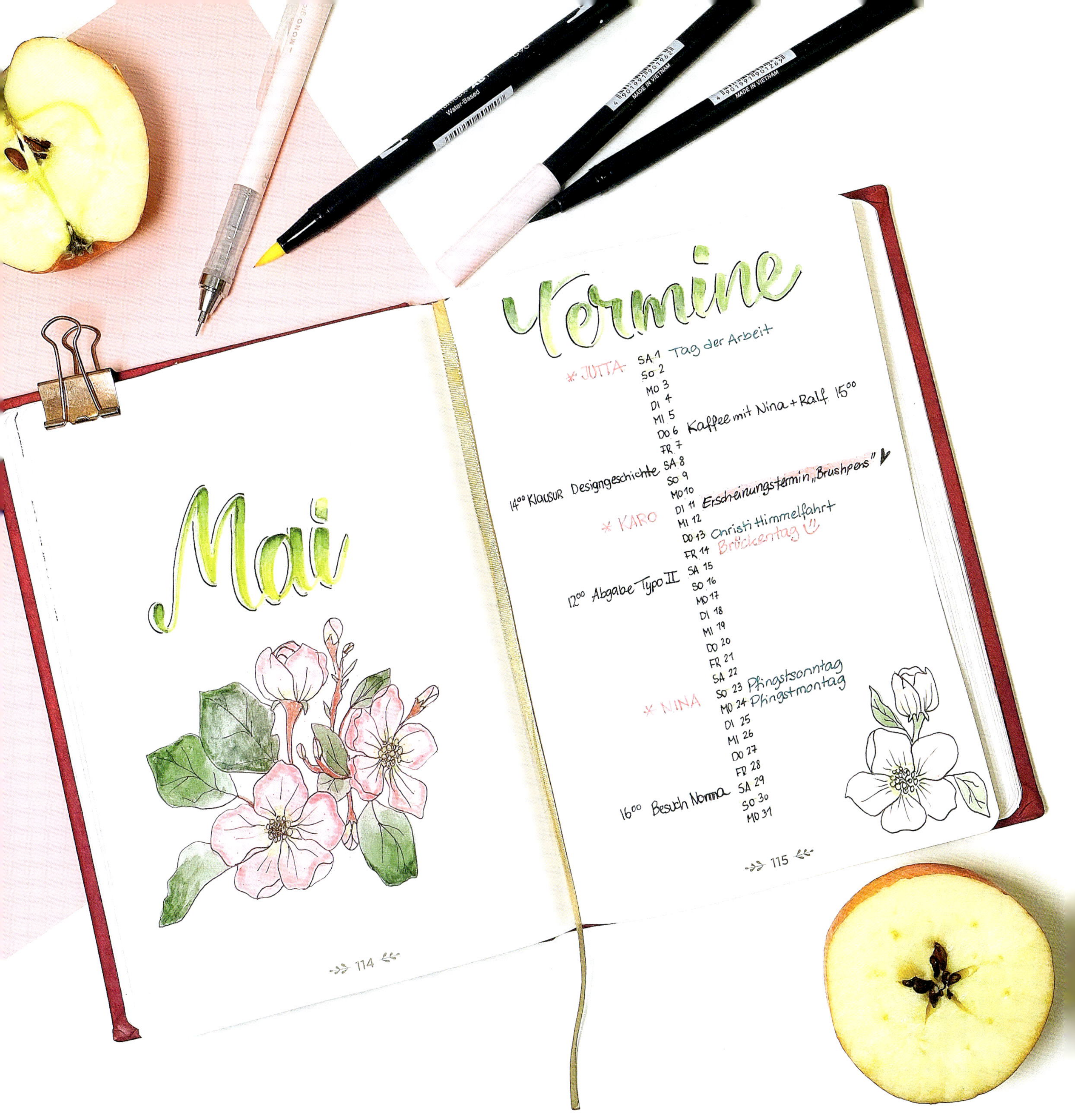
Mai
114
Termine
* JUTTA
SA 1 Tag der Arbeit
So 2
MO 3
DI 4
MI 5
Do 6 Kaffee mit Nina + Ralf 15⁰⁰
FR 7
SA 8
So 9
14⁰⁰ Klausur Designgeschichte
MO 10
DI 11 Erscheinungstermin „Brushpens"
* KARO
MI 12
DO 13 Christi Himmelfahrt
FR 14 Brückentag
SA 15
12⁰⁰ Abgabe Typo II
SO 16
MO 17
DI 18
MI 19
DO 20
FR 21
SA 22
SO 23 Pfingstsonntag
* NINA
MO 24 Pfingstmontag
DI 25
MI 26
DO 27
FR 28
SA 29
16⁰⁰ Besuch Nonna
SO 30
MO 31
115

# Versteckte Botschaft

Letterings müssen nicht immer auf Anhieb als solche zu erkennen sein. In diesem Projekt versteckst du die Botschaft in einem Kreis aus Blättern und Blüten. Nur wer genau hinschaut, wird dein Lettering und die Botschaft entdecken.

## Du brauchst:

- Markerpapier
- Bleistift
- Brush Pens, mittelgroß, in Dunkelgrün, Rosa
- Zirkel
- Radiergummi

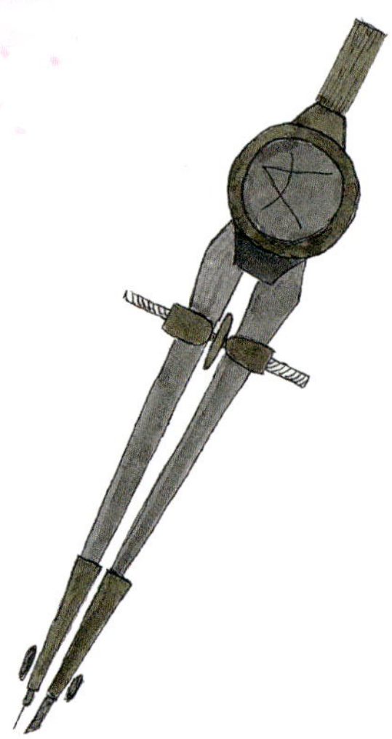

## So geht's:

1. Mit dem Zirkel ziehst du einen Kreis zentral auf dein Blatt und zeichnest mit einem Bleistift dein Lettering vor. Achte darauf, dass es mittig im Kreis platziert ist.

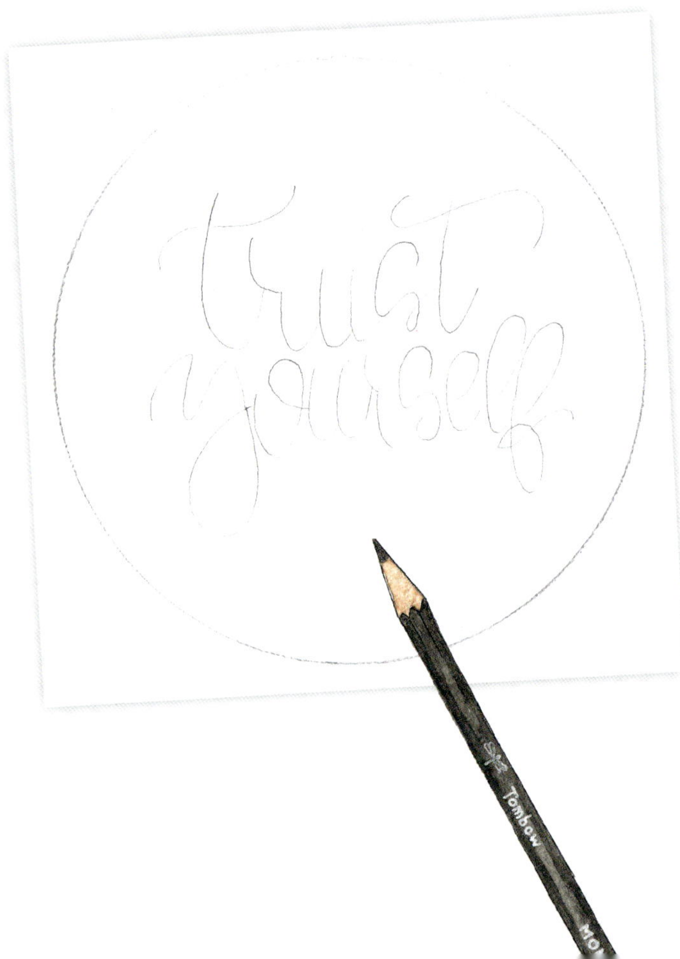

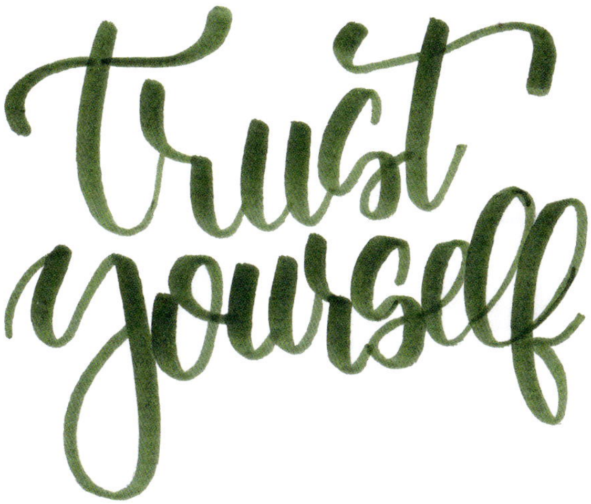


2. Nun schreibst du dein Lettering mit deinem dunkelgrünen Brush Pen über deine Vorzeichnung.

3. Male ein paar dekorative Blüten in Rosa. Variiere die Größen und verteile sie um dein Lettering herum im Kreis.

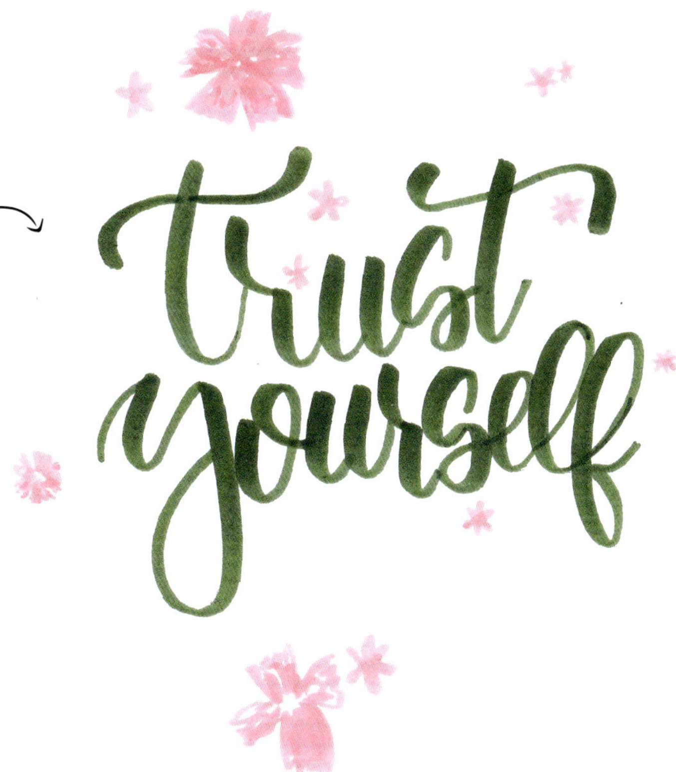


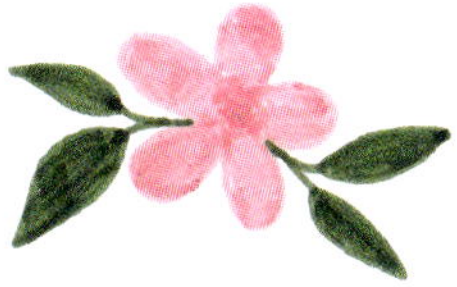

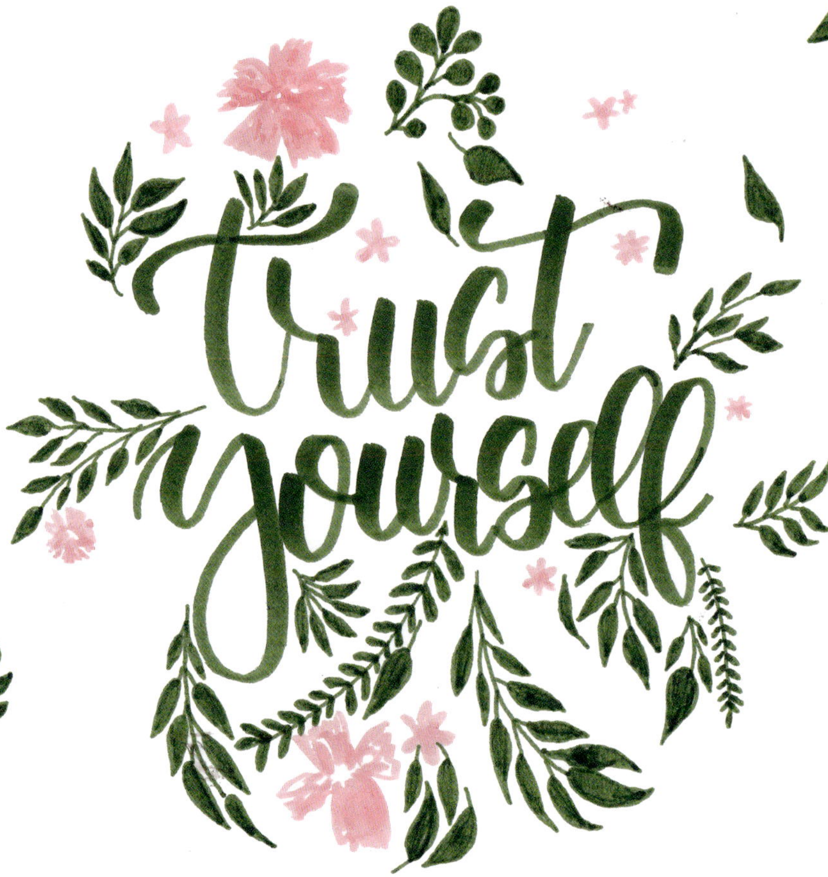


4. Nun malst du in der gleichen Farbe deines Letterings Blätter in unterschiedlichen Formen in den Kreis. Solltest du noch Flächen finden, die nicht mit einem Blatt gefüllt werden können, malst du hier ein paar Punkte in unterschiedlichen Größen in die Lücken. Achte darauf, innerhalb des vorgezeichneten Kreises zu bleiben. Zum Schluss entfernst du deine Vorzeichnung mit dem Radiergummi.

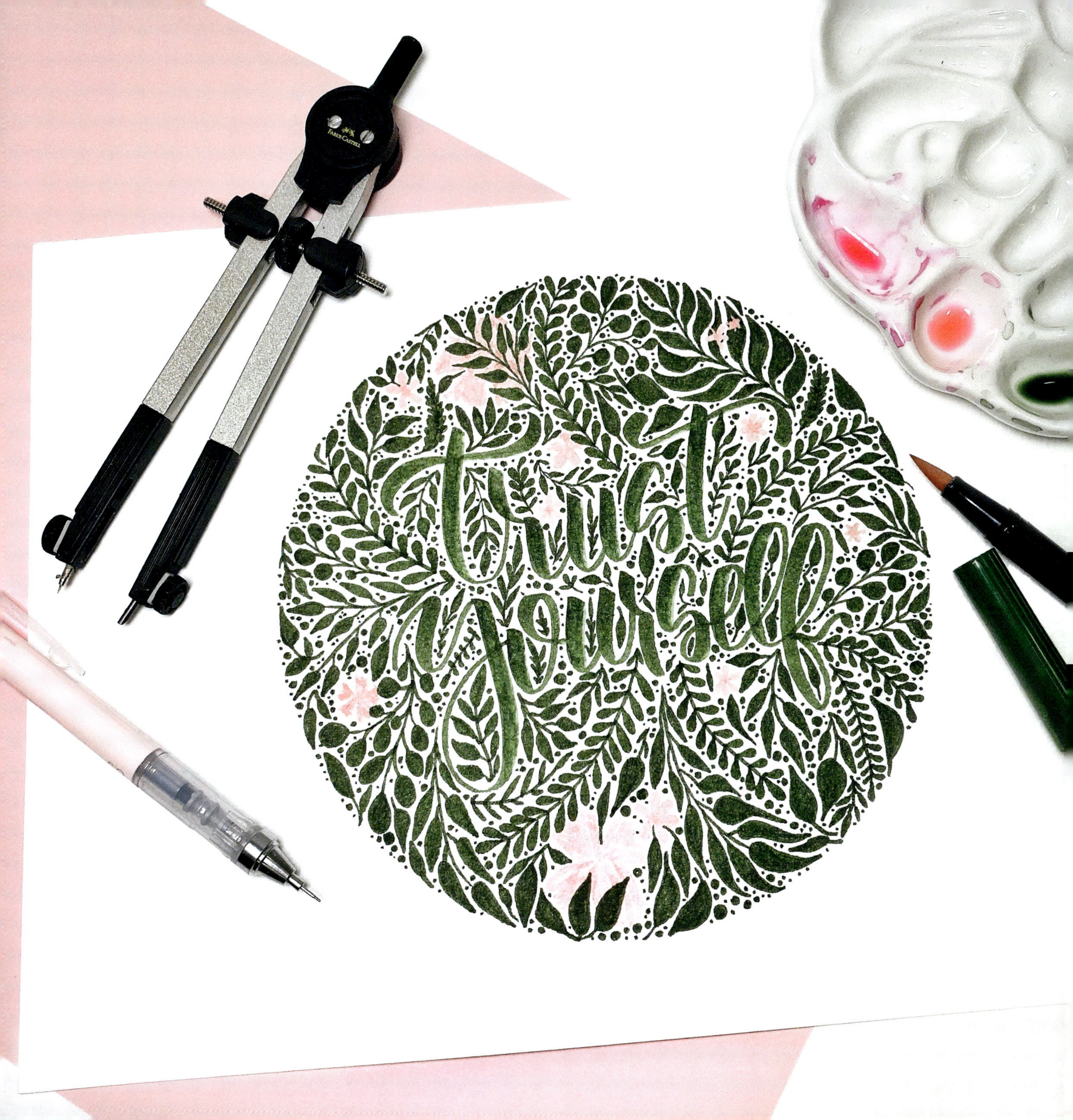
trust yourself

# Love

Was könnte es Schöneres geben als eine geletterte Liebeserklärung? Luftig leicht mit einem kleinen Papierflieger kommt diese Liebesbotschaft daher.

## Du brauchst:

- **Aquarellpapier**
- **Bleistift**
- **Brush Pens, mittelgroß, in Hellrosa, Pink, Hellgrau**
- **Pinsel**
- **Radiergummi**

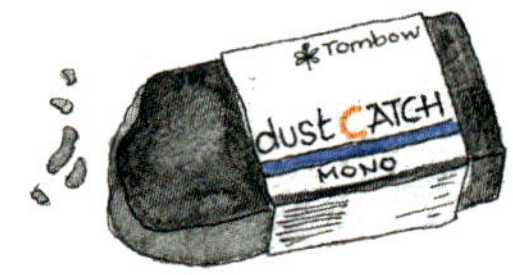


## So geht's:

1. Die Buchstaben für dieses Letterings haben sehr breite Abstriche, deswegen schreibst du im ersten Schritt dein Lettering mit einem Bleistift vor. Skizziere auch den kleinen Papierflieger mit seiner Flugbahn.

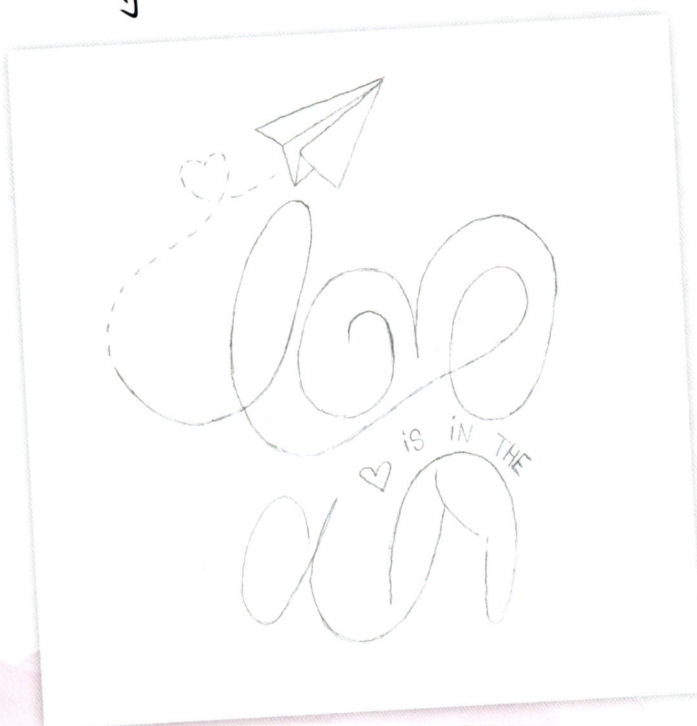

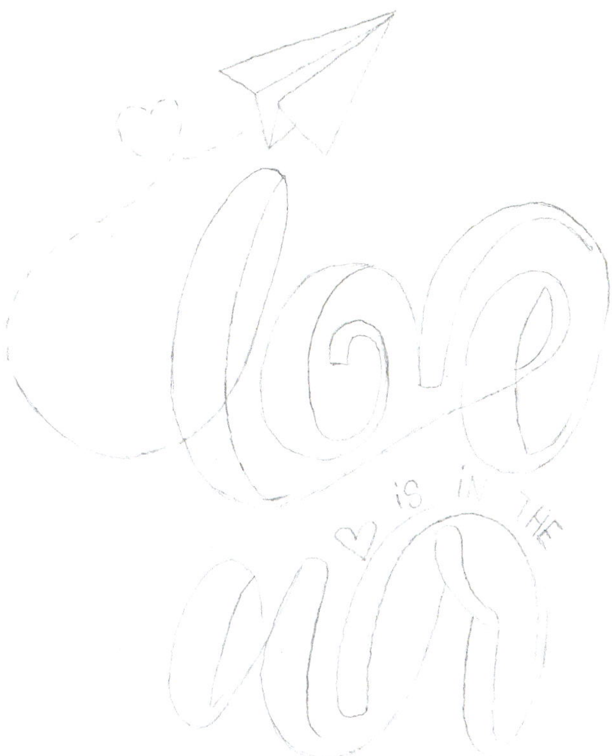

**2.** Ergänze dein Lettering mit einer Fake Calligraphy und verbreitere sorgfältig alle Abstriche deines Schriftzuges.

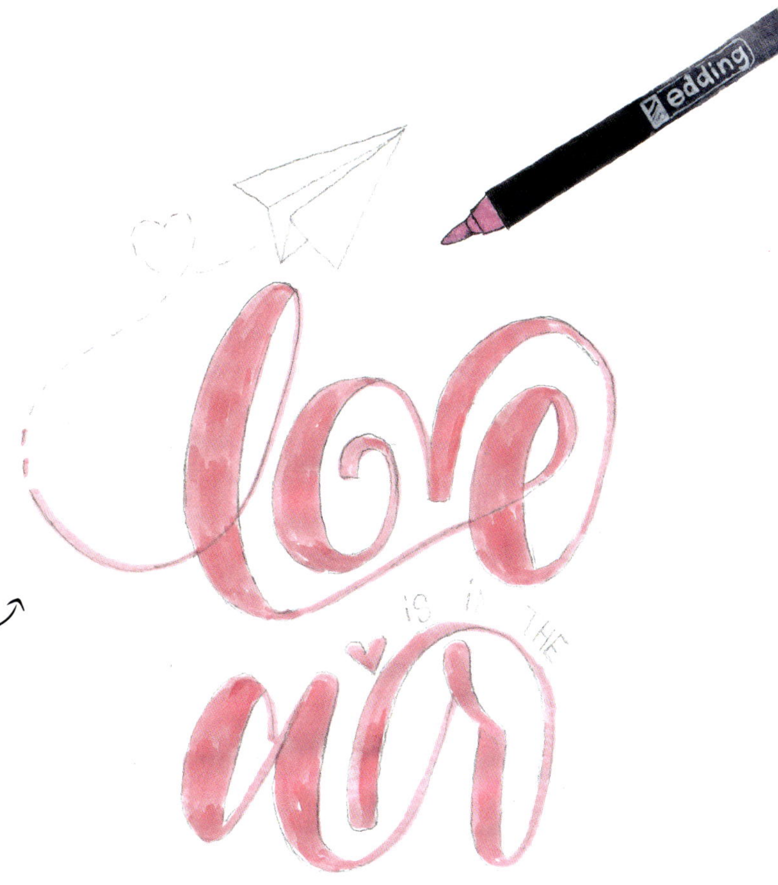


**3.** Ziehe dein Lettering mit einem hellrosa Brush Pen nach und fülle die breiten Abstriche mit Farbe.

**4.** Koloriere nun den kleinen Papierflieger und lege ein Blending in Pink im oberen Bereich deiner Buchstaben mit einem dunkleren Ton an.

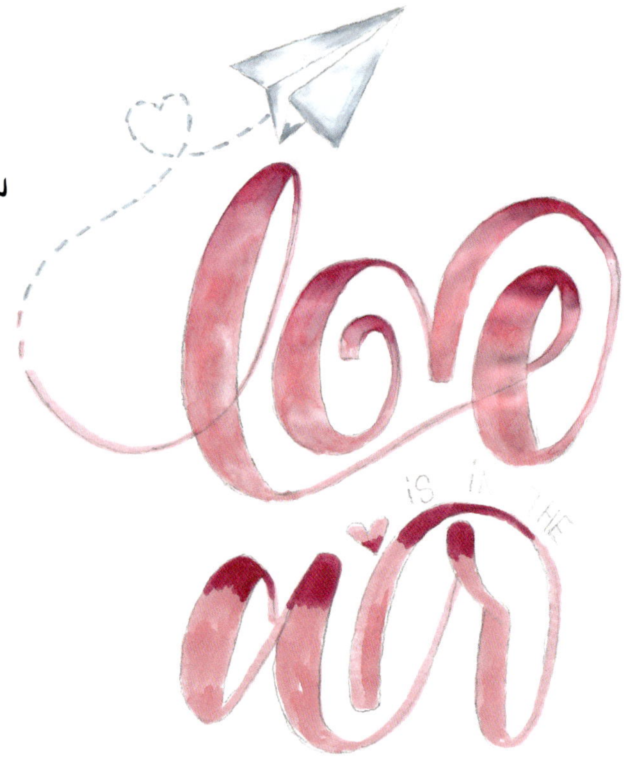

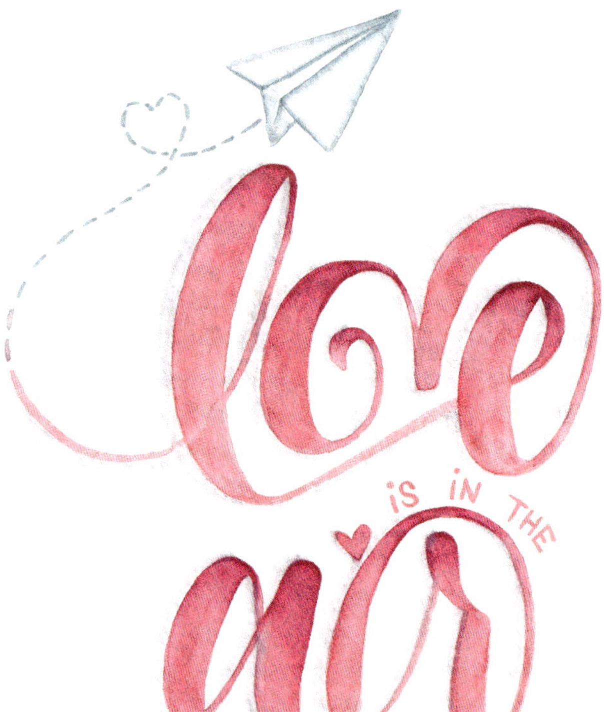


**5.** Setze leichte Schatten an die Buchstaben deines Letterings. Damit diese nicht zu hart wirken, verblende die Ränder mit deinem Pinsel ein wenig auf dem Papier. Radiere deine Vorzeichnung vorsichtig weg.

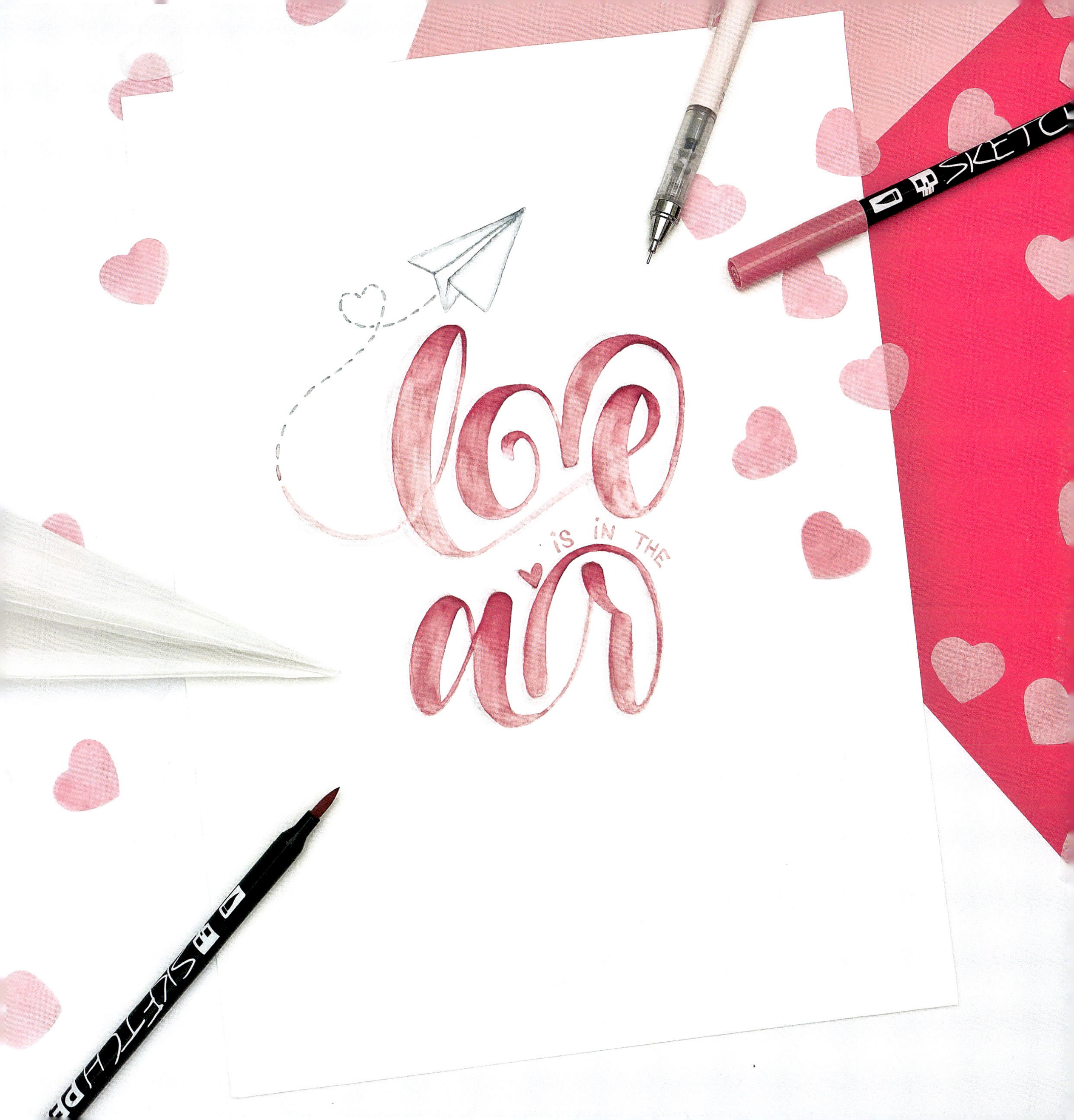
love
is in the
air

# Notizbuch mit Lettering

Ein individuell gestaltetes Notizbuch ist ein schönes Geschenk. Versieht man es mit seinem Lieblingsspruch, ist es auch für einen selbst immer wieder eine Freude, wenn man es in die Hand nimmt. Ob als Bullet Journal, Skizzenbuch oder Tagebuch: Ein Notizbuch mit Lettering ist einfach wunderschön. Für mein Tagebuch habe ich mich für einen lateinischen Spruch entschieden. Er bedeutet: Die Zeit fliegt, die Liebe bleibt!

## Du brauchst:

- **Notizbuch mit Naturpapier-Einband**
- **Brush Pen in Weiß**

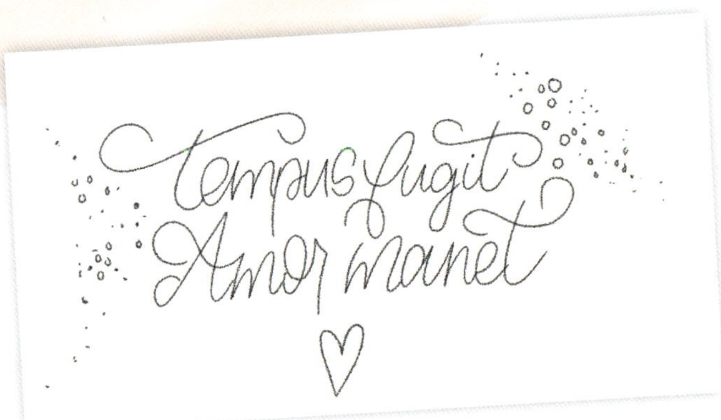


## So geht's:

1. Lege dir dein Lettering auf einem weißen Papier als Vorzeichnung an und übertrage es mit der Transfertechnik auf das Cover des Notizbuches. Wenn du sehr sicher im Vorzeichnen bist, kannst du auch direkt auf dem Buchdeckel beginnen. Manche Papiere sind sehr empfindlich, was das Radieren angeht … Teste am besten vorher auf der Rückseite an einer kleinen Stelle, wie dein Einband darauf reagiert.

2. Sitzt deine Vorzeichnung perfekt auf dem Einband, ziehe dein Lettering mit einem weißen Brush Pen nach. Sollte dir die Deckkraft nicht auf Anhieb gefallen, ziehst du dein Lettering ein zweites Mal vorsichtig nach.

**Tipp:** **Weitere schöne Letterings für ein Cover wären:**

- **Things end but memories last forever**
- **Plan your day right**
- **Gedankensammler**
- **„Dein Name“ Diary**
- **Das Genie beherrscht das Chaos**
- **Everything will be okay**

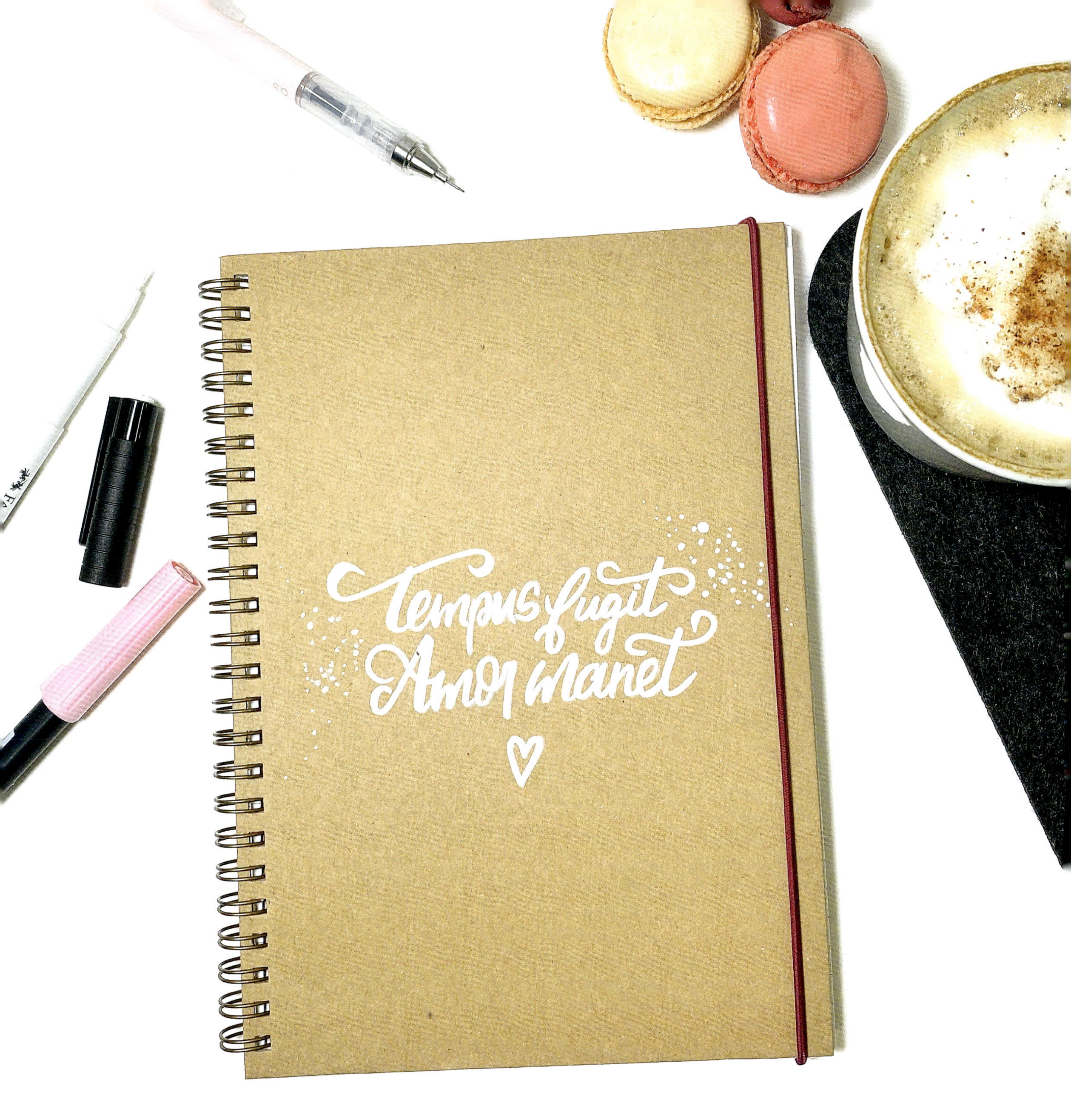
Tempus fugit
Amor manet

# Lettering auf Aquarell

Ein hübsches Brush Lettering muss nicht immer auf weißem Papier platziert werden. Aquarellhintergründe sehen super aus und sind gar nicht so schwierig aufs Papier zu bringen. In diesem Projekt zeige ich dir eine „bombensichere“ Methode, wie dein Aquarellhintergrund immer gelingt!

## Du brauchst:

- **Aquarellpapier**
- **Dokumentenhülle oder Gefrierbeutel**
- **Brush Pens, mittelgroß, in Lieblingsfarben**
- **Sprühflasche**

## So geht's:

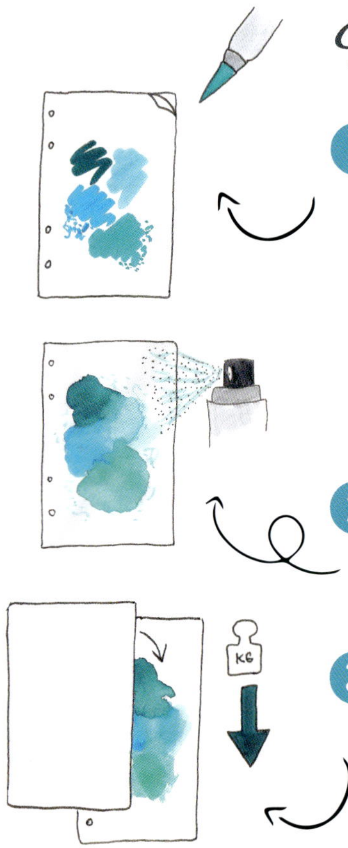


1. Male mit deinem Brush Pen unterschiedlich große Flächen in verschiedenen Farben auf deine Dokumentenhülle. Achte darauf, dass sich die Farbflächen nicht berühren. Es sieht zwar so aus, als wäre kaum Farbe auf dem Plastik, das ist aber ganz normal.

2. Verteile mit der Sprühflasche eine feine Wasserschicht auf deinen Farbflächen.

3. Lege nun dein Aquarellpapier von oben auf die Farbfläche und drücke es gut an. Streiche auch von unterschiedlichen Seiten über das Papier, damit sich die Farbe darunter gut verteilt.

4. Jetzt kannst du dein Aquarellpapier abziehen und dein Werk bestaunen. Lasse es gut trocknen, bevor du mit dem nächsten Schritt fortfährst.

5. Wenn dein Hintergrund getrocknet ist, kannst du mit einem beliebigen Brush Pen ein Lettering darauf platzieren. Füge abschließend geometrische Formen hinzu, die so aussehen, als würden sie hinter deinem Hintergrund verlaufen.

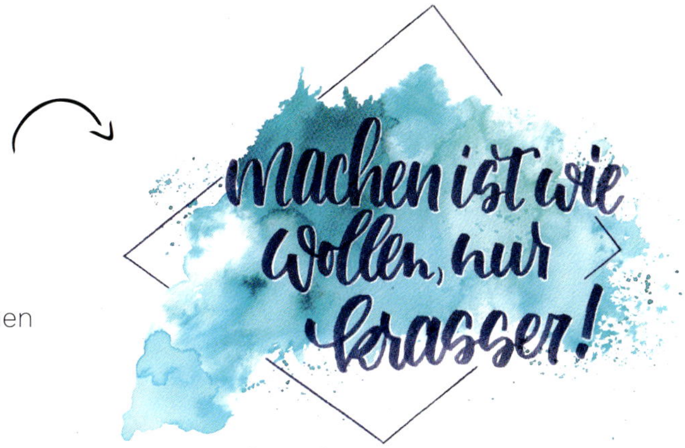


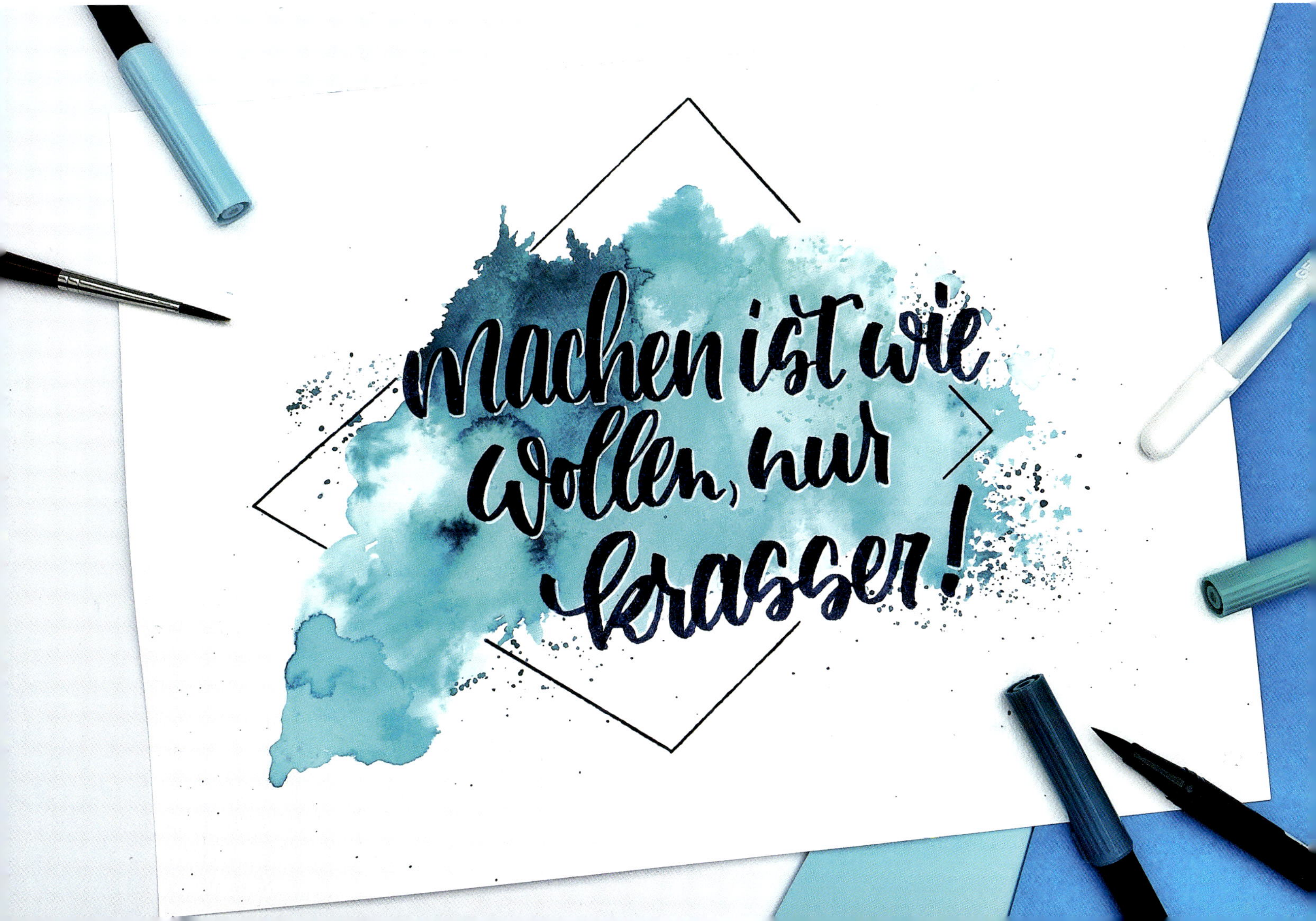

# Journey

Manchmal tun wir uns schwer, neue Dinge zu beginnen. Wir wissen nicht genau, wie wir beginnen sollen, oder uns fehlt das Quäntchen Mut dazu. Oft braucht es aber nur den ersten Schritt, damit die Dinge ins Rollen kommen. Deshalb mag ich diesen Motivationsspruch sehr gerne: Man muss einfach beginnen, dann fällt der Rest oft gar nicht mehr so schwer.

## Du brauchst:

- **Markerpapier**
- **Brush Pens, mittelgroß, in Apricot, Dunkelbraun**
- **Zirkel**
- **Gelstift in Weiß**

## So geht's:

1. Ziehe einen Kreis zentral auf dein Blatt. Zuerst letterst du die Worte, die ganz oben, in der Mitte und ganz unten im Kreis stehen. Das hilft dir später bei der Orientierung. Achte dabei darauf, dich an deine Kreislinie zu halten.

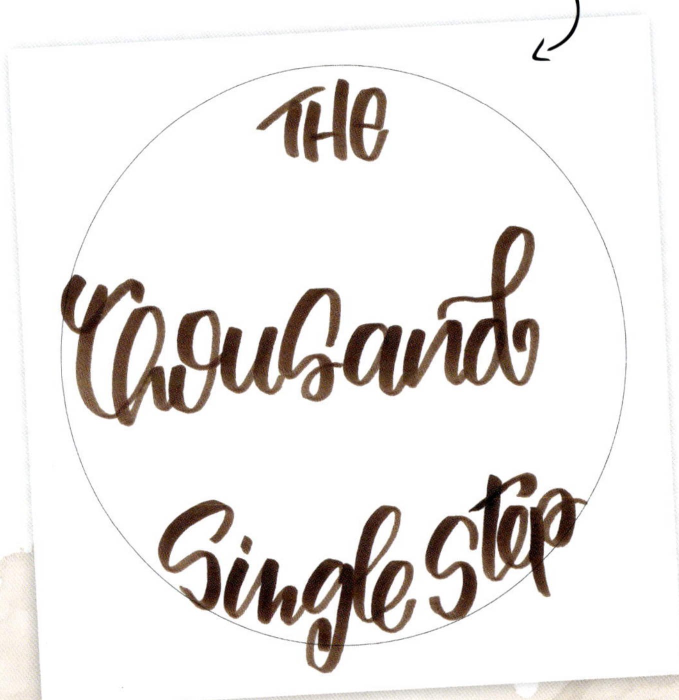

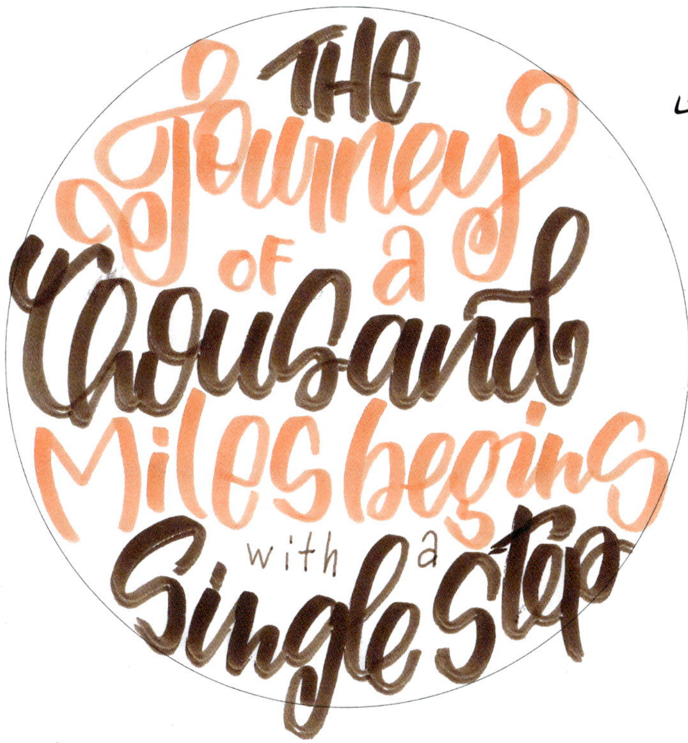


2. Jetzt ergänzt du die restlichen Worte.

3. Versehe diese Worte mit einem Blending. Es sieht immer gut aus, wenn sich Buchstaben an die Ränder des Kreises schmiegen.

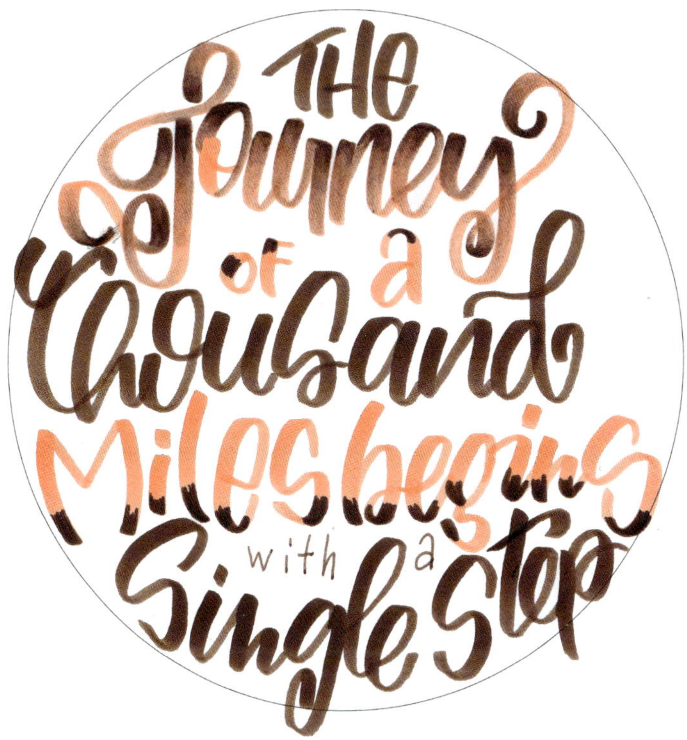

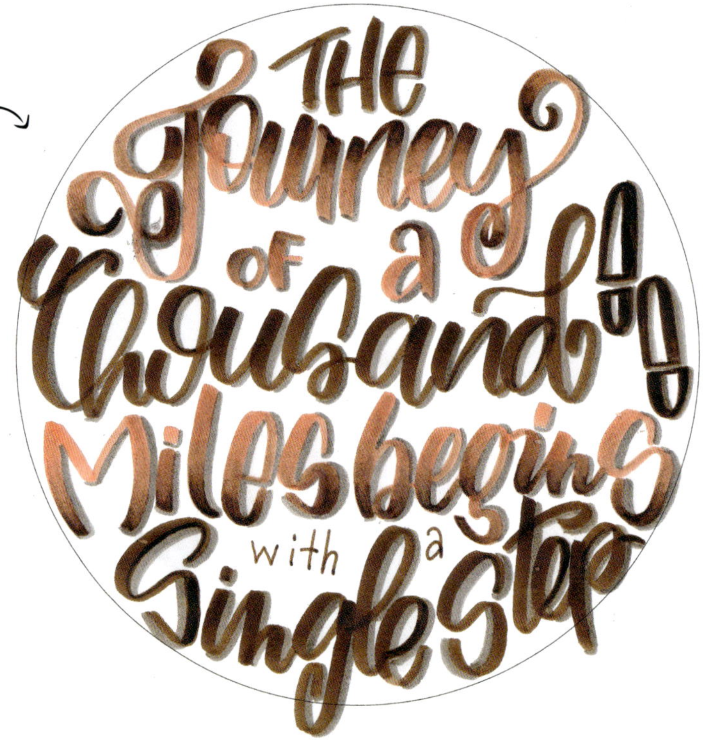


4. Zeichne die kleinen Schuhe am rechten Rand mit einem Brush Pen. Außerdem ergänzt du in diesem Schritt alle Buchstaben mit einem Schatten. Das verleiht deinem Lettering Tiefe.

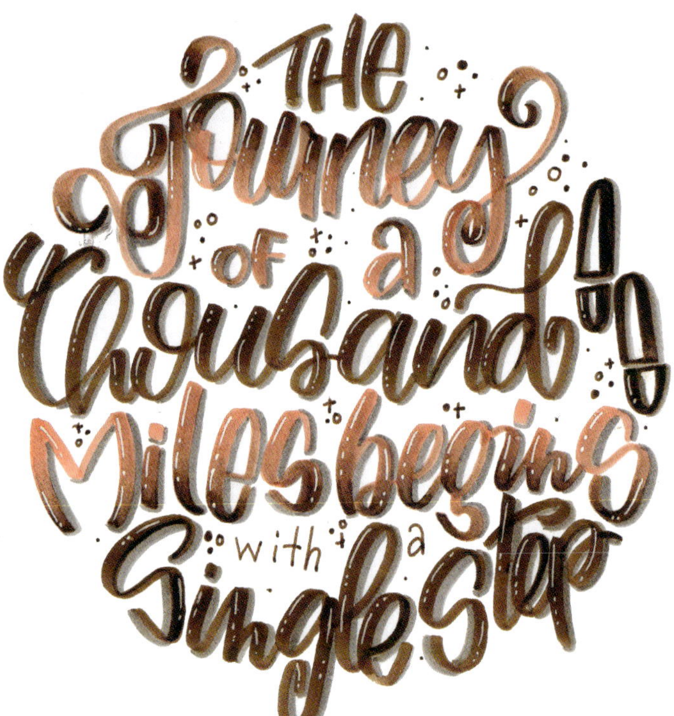


5. Mit einem weißen Gelstift setzt du kleine Glanzlichter. Die Lücken im Lettering kannst du mit kleinen Schmuckelementen auffüllen, damit die Kreisform besser erkennbar ist. Radiere zum Schluss den Bleistiftkreis weg.

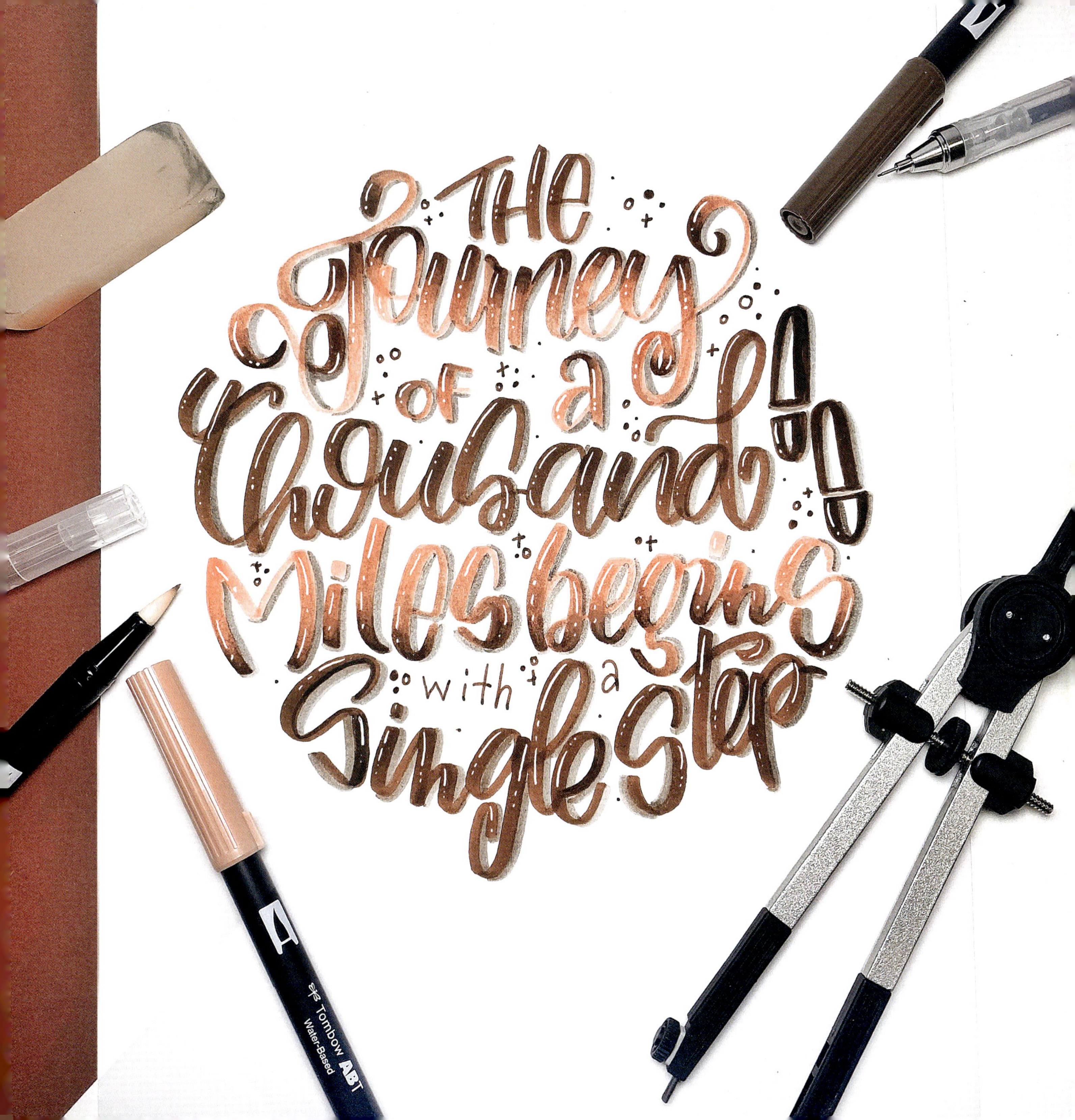
The journey of a thousand miles begins with a single step
Tombow ABT
Water-Based

# Blumenstecker

Ich verschenke gerne Blumen, sehr gerne auch im Topf. Da ein Blumentopf aber meistens nicht so auffällig wie ein Blumenstrauß daherkommt, bieten sich hier Blumenstecker an. Blumenstecker sind schnell erstellt und man kann sie individuell für den Beschenkten bzw. dem Anlass entsprechend gestalten.

## Du brauchst:

- Aquarellpapier
- Bleistift
- Brush Pens, mittelgroß, in Lieblingsfarben
- Brush Pen, klein, in Schwarz
- Pinsel
- Fineliner in Schwarz
- Radiergummi
- Schere
- Klebeband
- Holzstäbchen

## So geht's:

1. Zeichne dir mit Bleistift einen Regenbogen sowie dein Lettering vor. Wenn du die Bögen frei Hand und ein wenig unregelmäßig gestaltest, wirkt dein Blumenstecker noch individueller.

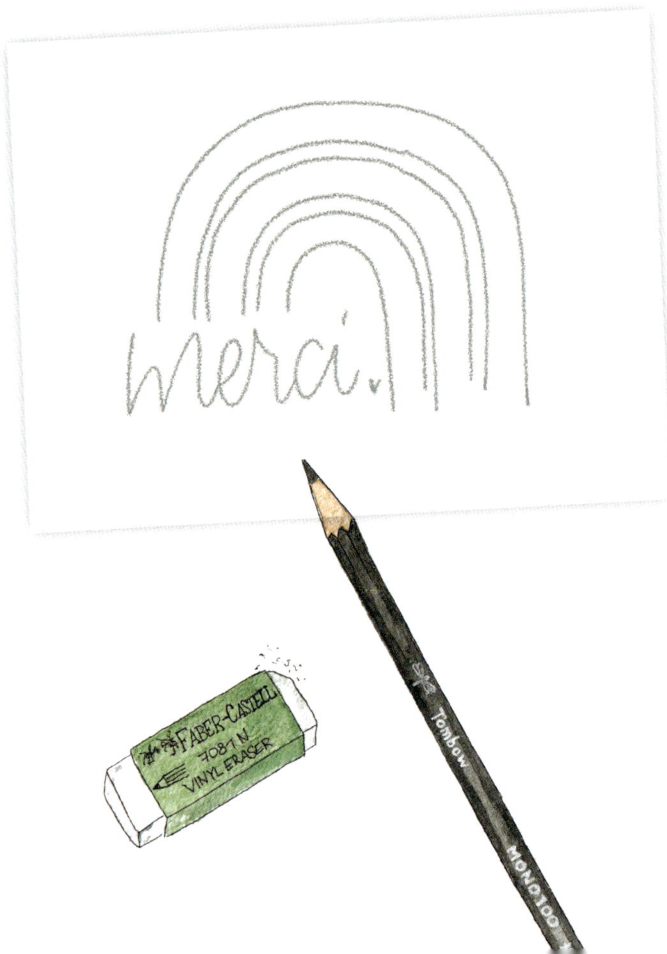

**2.** Male die Bögen in den Farben deiner Wahl mit deinen Brush Pens aus. Mit dem Pinsel kannst du die Farbflächen nachziehen, sie erscheinen dann gleichmäßiger.

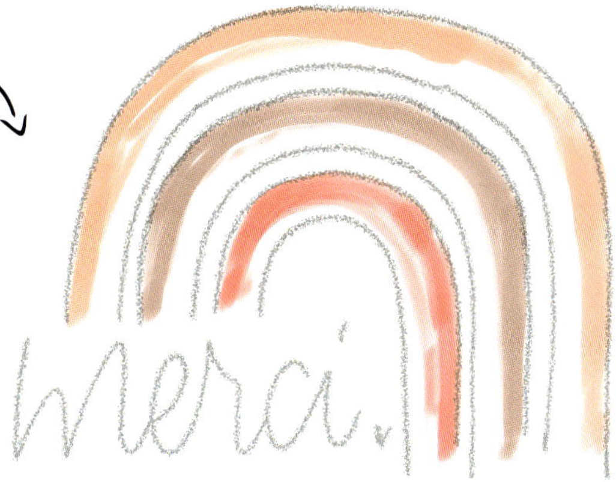


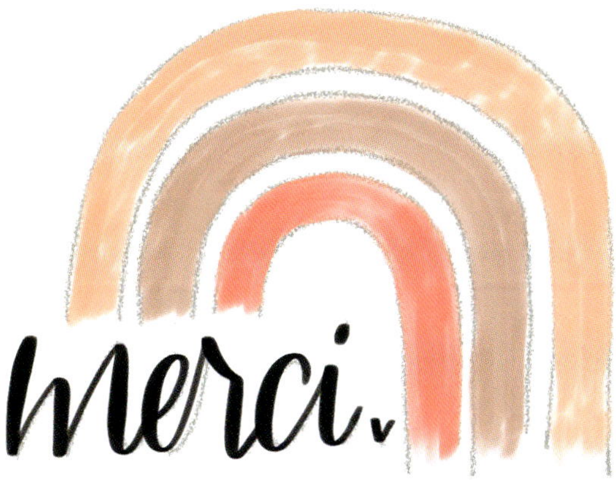


**3.** Füge nun mit einem kleinen Brush Pen dein Lettering hinzu.

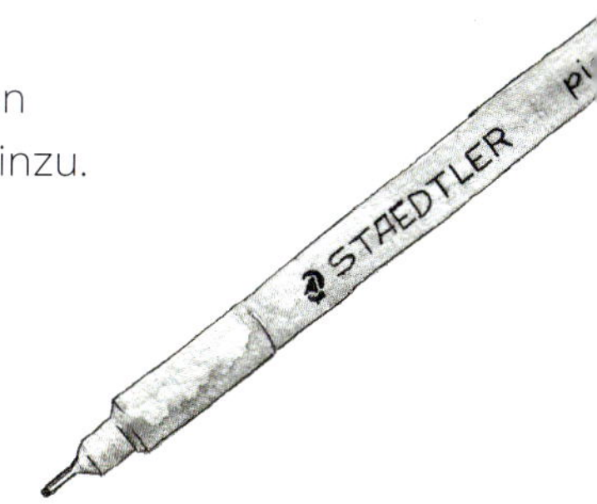


**4.** Mit einem Fineliner zeichnest du anschließend einige abstrakte Muster in den Regenbogen und radierst deine Vorzeichnung vorsichtig weg.

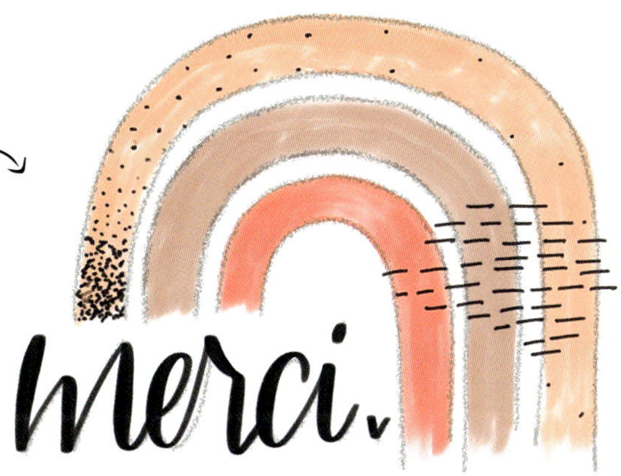

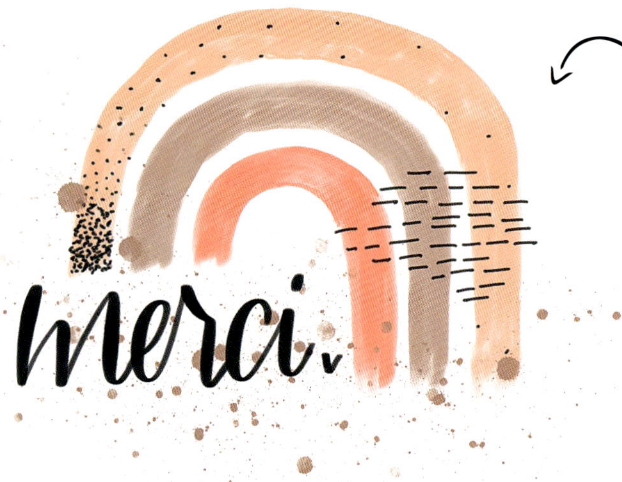


5. Schneide dein Lettering aus und befestige es mit Klebeband und einer Schleife an einem Holzstäbchen. Du kannst diese Letterings auch als Geschenkanhänger oder Cake Topper verwenden.

**Tipp:** Diese kleinen Letterings lassen sich für viele Gelegenheiten nutzen. Egal ob als kleines Dankeschön, als lieben Gruß oder um viel Glück zu wünschen: Der Beschenkte wird sich sicher über diese kleine Aufmerksamkeit freuen.

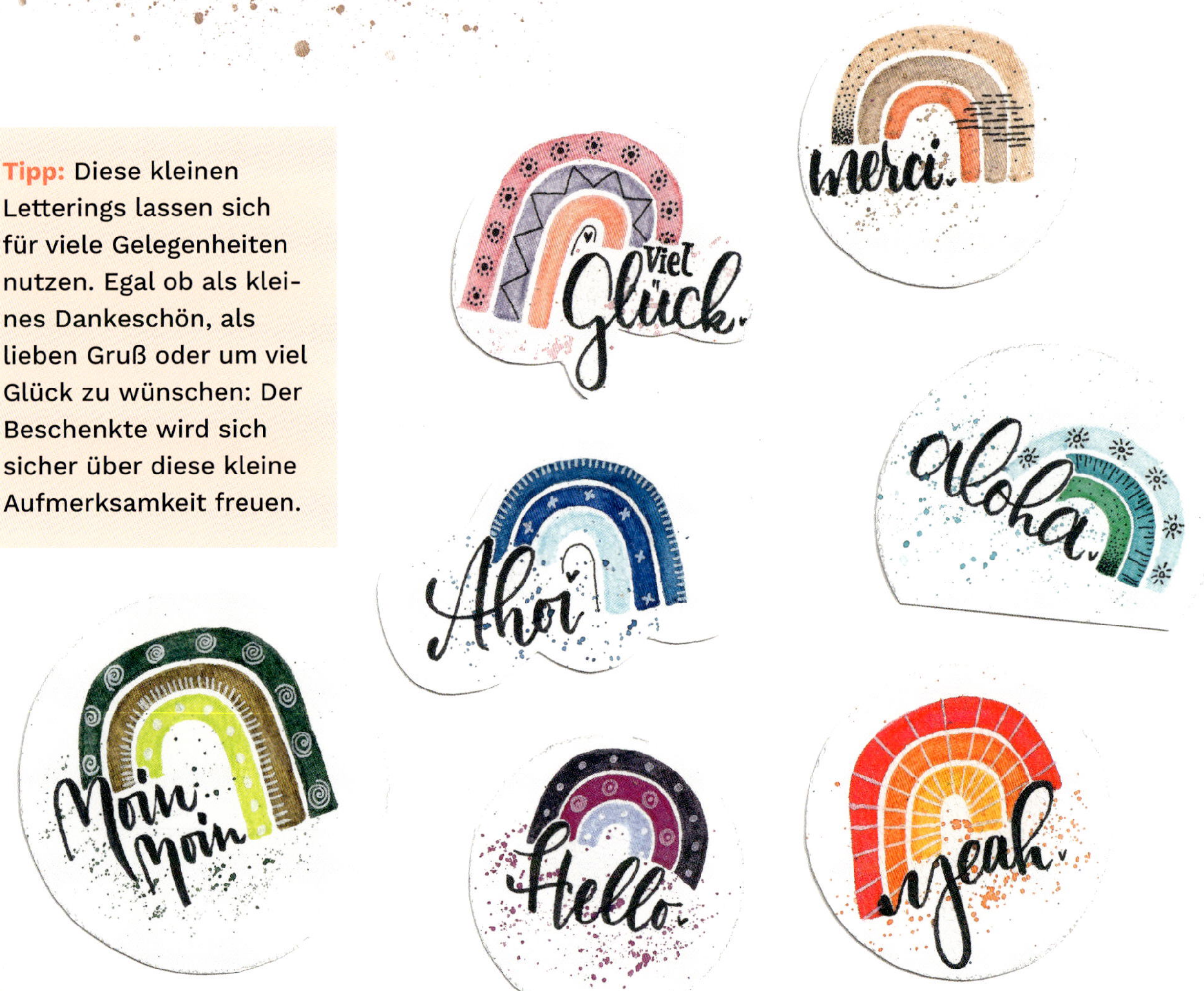

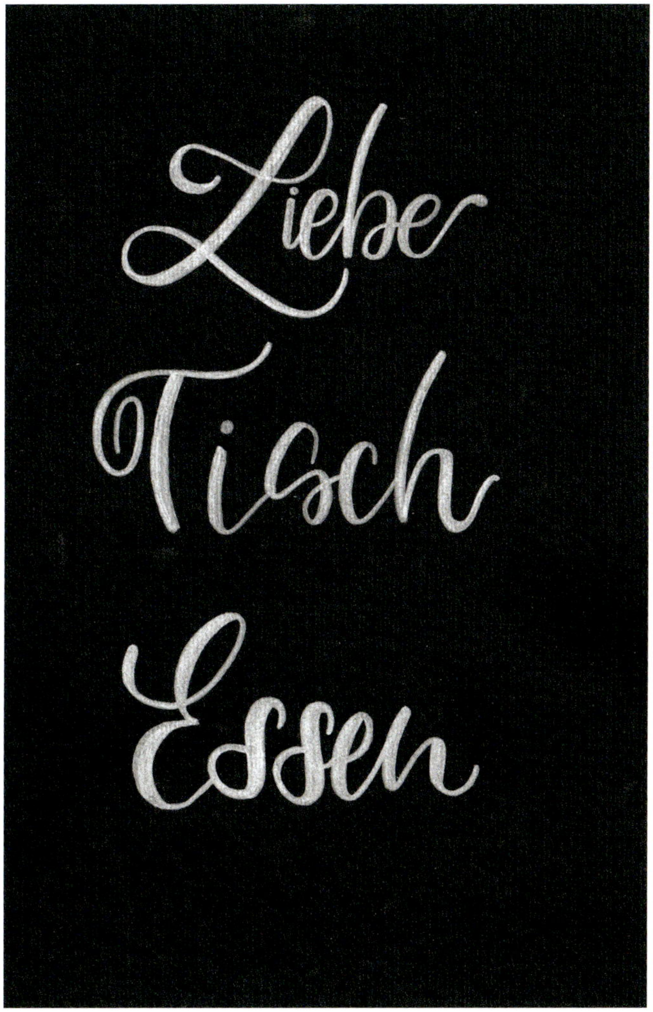


2. Lettere die wichtigsten Worte untereinander auf dein schwarzes Papier.

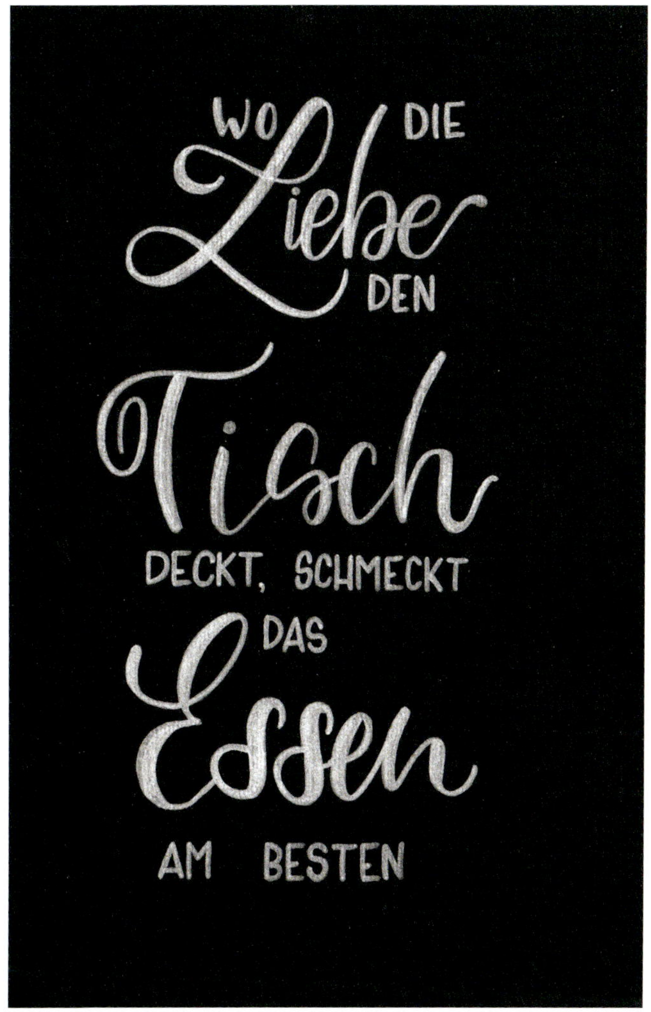


3. Füge die restlichen Worte in Druckbuchstaben ein.

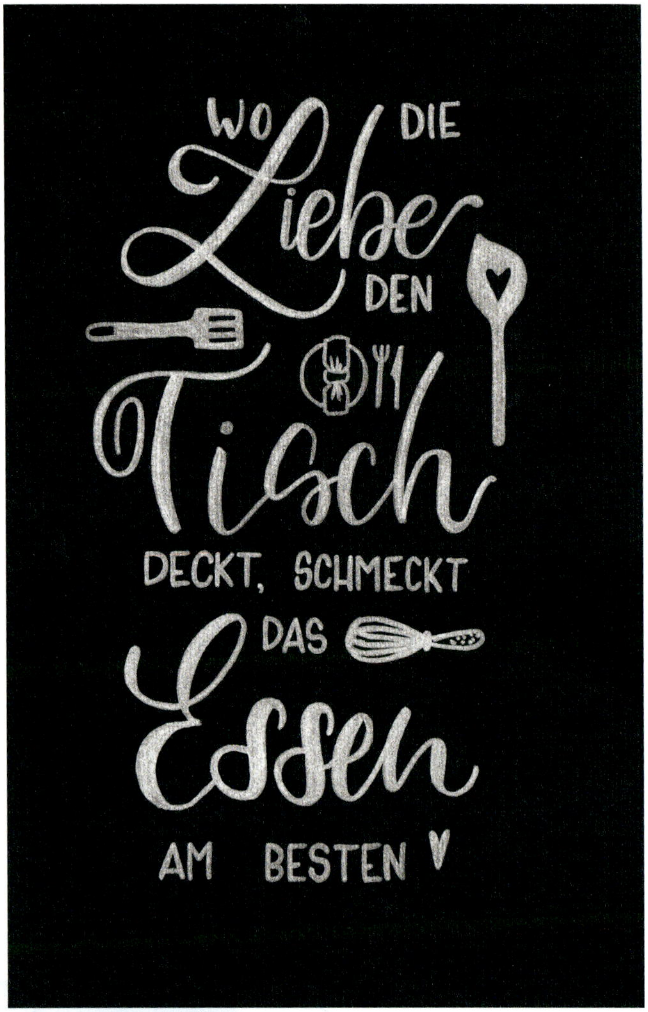


4. Zeichne die kleinen Küchenhelfer in die Lücken, um deinem Lettering eine rechteckige Form zu verleihen. Entferne deine Vorzeichnung mit dem Radiergummi.

**Tipp:** Du kannst die Transfertechnik auch für Tafeln benutzen. Schraffiere dein Lettering auf der Rückseite mit Tafelkreide, platziere dein Lettering auf der Tafel und male es mit einem spitzen Bleistift nach. Die nun übertragene Skizze kannst du auf deiner Tafel mit Kreide oder einem Kreidemarker nachzeichnen.

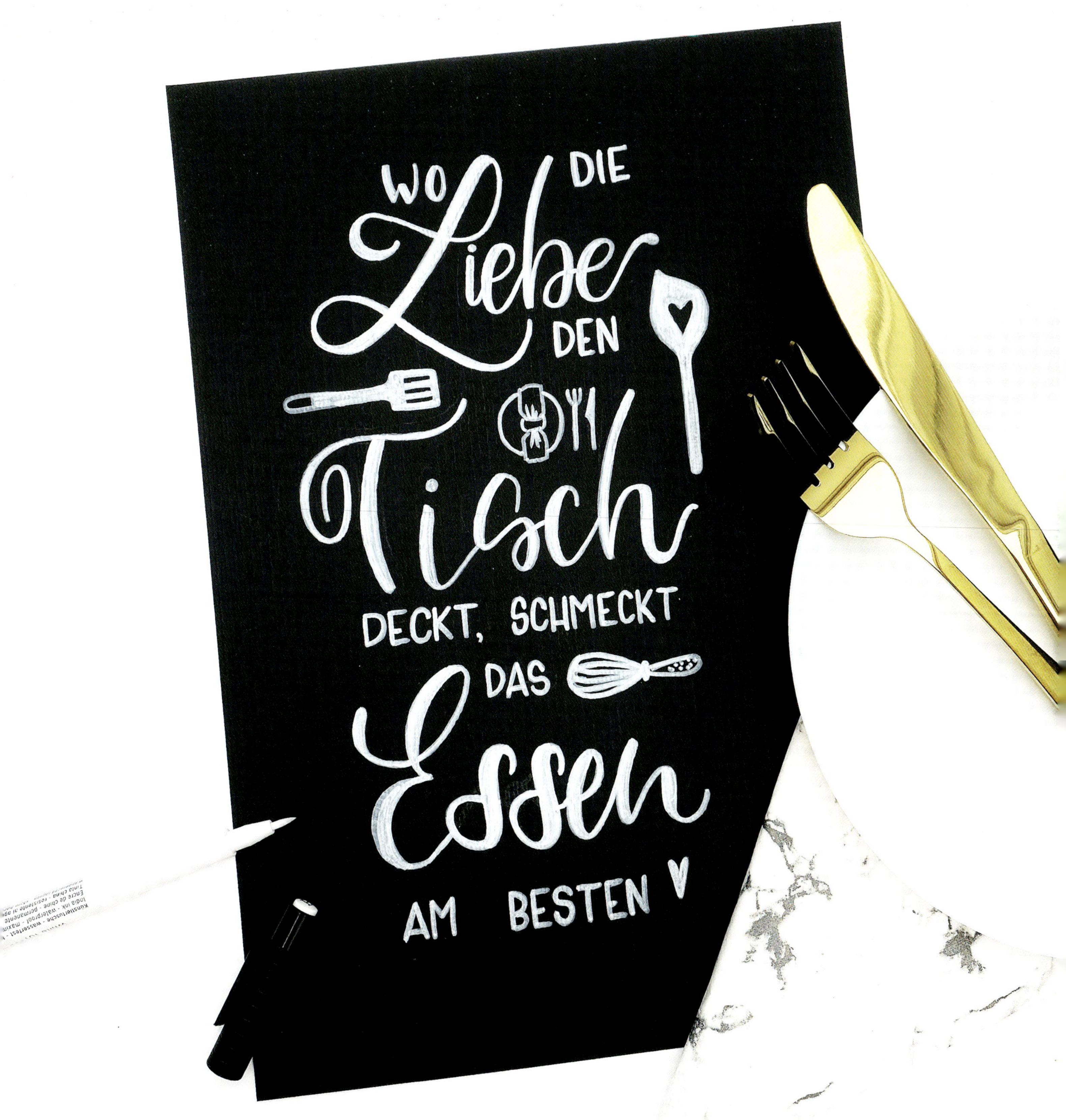
WO DIE
Liebe
DEN
Tisch
DECKT, SCHMECKT
DAS
Essen
AM BESTEN

# Windlicht

Der Alltag hat uns oft ganz schön fest im Griff. Wäre es nicht schön, wenn man ihn einfach so ausknipsen könnte? Dieses Windlicht hilft auf jeden Fall dabei!

## Du brauchst:

- **Transparentpapier**
- **Bleistift**
- **Brush Pens, mittelgroß, in Gelb, Hellorange, Schwarz**
- **Blending Pen oder Pinsel**
- **Klebestift**
- **Radiergummi**
- **Glaswindlicht, klein, mit Teelicht**

## So geht's:

1. Beginne deine Vorzeichnung auf dem Transparentpapier mit dem Bleistift. Schreibe etwas größer, damit du im nächsten Schritt eine schöne Fake Calligraphy anfertigen kannst.

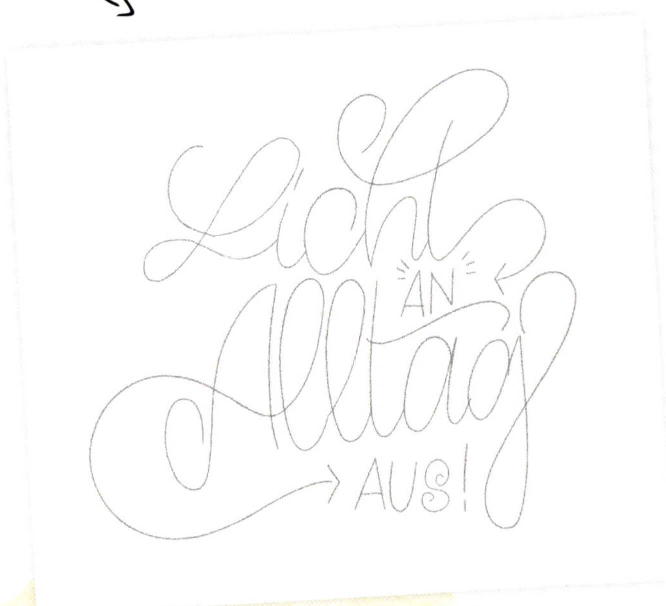

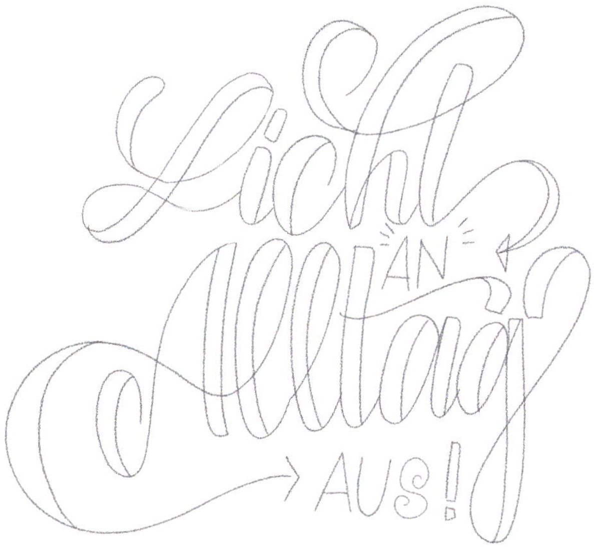


2. Verbreitere nun mit dem Bleistift alle Abstriche. Bist du mit deiner Vorzeichnung zufrieden, kannst du mit dem nächsten Schritt fortfahren.

3. Ziehe dein Lettering mit einem mittelgroßen Brush Pens nach: oben mit Gelb, unten mit Schwarz. Fülle alle Flächen mit Farbe aus.

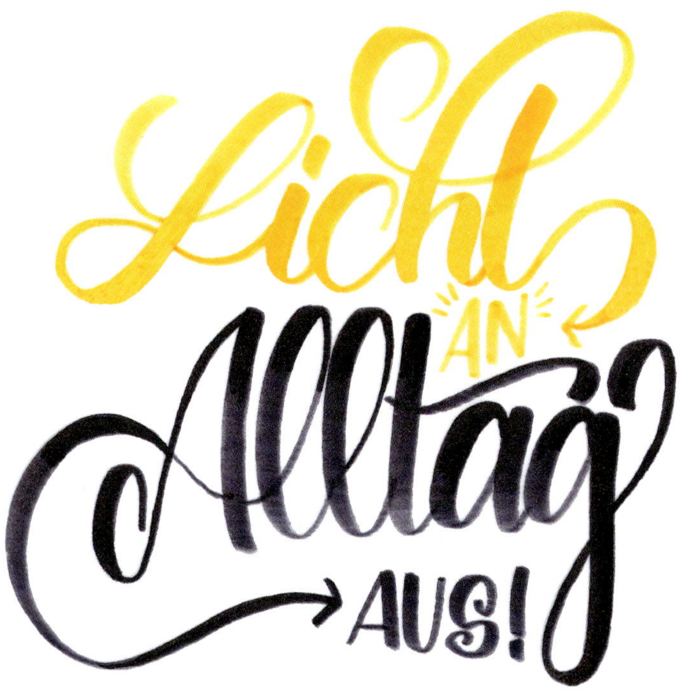

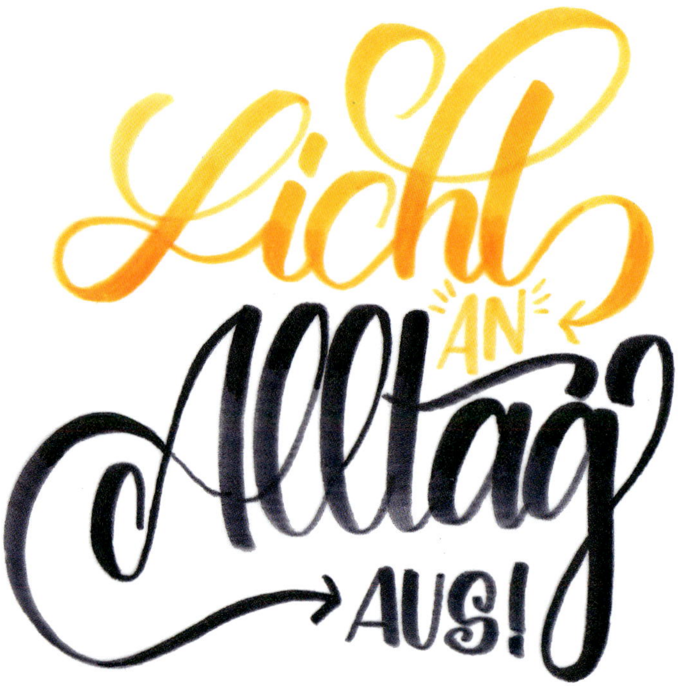


4. Um dem Wörtchen „Licht“ etwas mehr Strahlkraft zu verleihen, lege im unteren Bereich des Wortes ein Blending in einem hellen Orangeton an. Radiere vorsichtig deine Vorzeichnung weg.

5. Rolle dein Transparentpapier und klebe es auf der Rückseite mit dem Klebestift zusammen. Den nun entstandenen Zylinder kannst du über ein Glaswindlicht stellen.

**ACHTUNG:** Kerzen bitte nie unbeaufsichtigt brennen lassen.

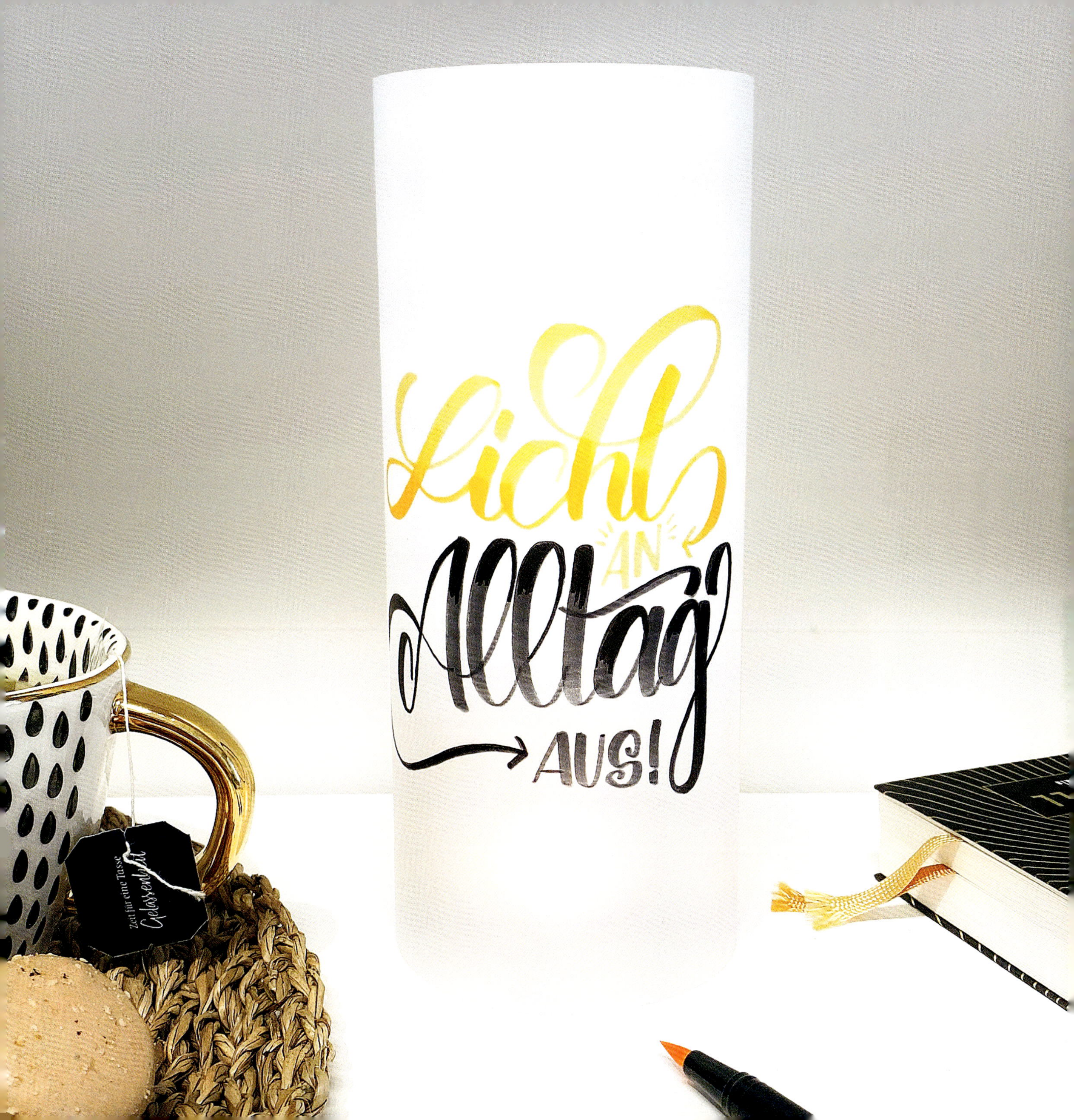
Licht
AN
Alltag
AUS!
Zeit für eine Tasse
Gelassenheit

# Christmas Kisses

Einen Mistelzweig im Türrahmen aufzuhängen ist ein alter Weihnachtsbrauch. Wenn sich darunter zwei Menschen küssen, so heißt es, bringt es dem Paar Glück. Der Mistelzweig eignet sich außerdem hervorragend für die Illustration von Weihnachtskarten.

## Du brauchst:

- **Klappkarte in Schwarz**
- **Kopierpapier**
- **Bleistifte 6B und 2H**
- **Metallic Brush Pens, in Hellgrün, Dunkelgrün, Gold, Pink, Silber**
- **Pinsel**
- **Radiergummi**

## So geht's:

1. Zeichne deine Weihnachtsgrüße auf einem weißen Papier vor und übertrage sie mithilfe der Transfertechnik sorgfältig auf deine schwarze Karte. Wenn du sehr sicher im Vorzeichnen bist, kannst du natürlich auch direkt auf das schwarze Papier zeichnen. Viel radieren solltest du dabei nicht, denn bei schwarzem Papier fallen Radierspuren oft sehr auf.

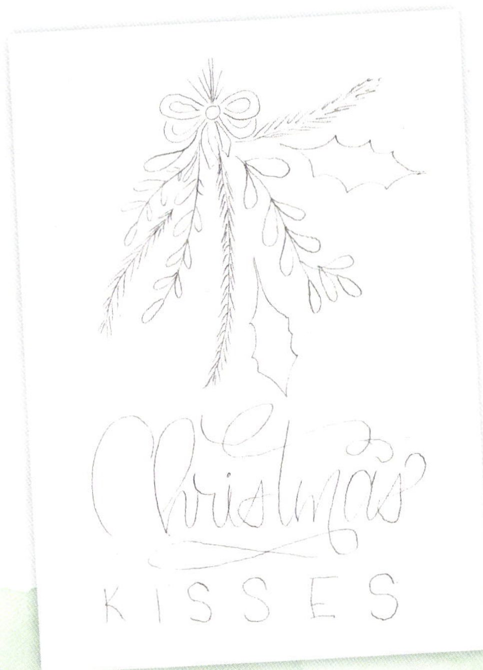

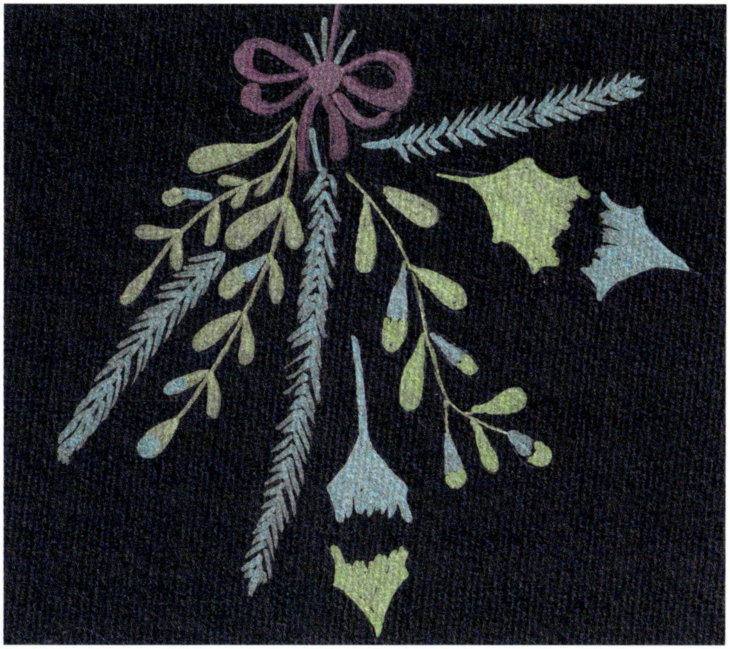

2. Male mit den Metallic Brush Pens die einzelnen Zweige und Blätter aus. Einige Blätter füllst du mit zwei unterschiedlichen Farben.

3. Hier musst du schnell sein: Metallic Brush Pens sind meistens nicht wasserbasiert und lassen sich nur schlecht verblenden. Da sie aber langsamer trocknen, kannst du sie verblenden, solange die Farbe noch feucht ist. Male nun außerdem die Beeren und kleinen Kügelchen im Weihnachtsstrauß.

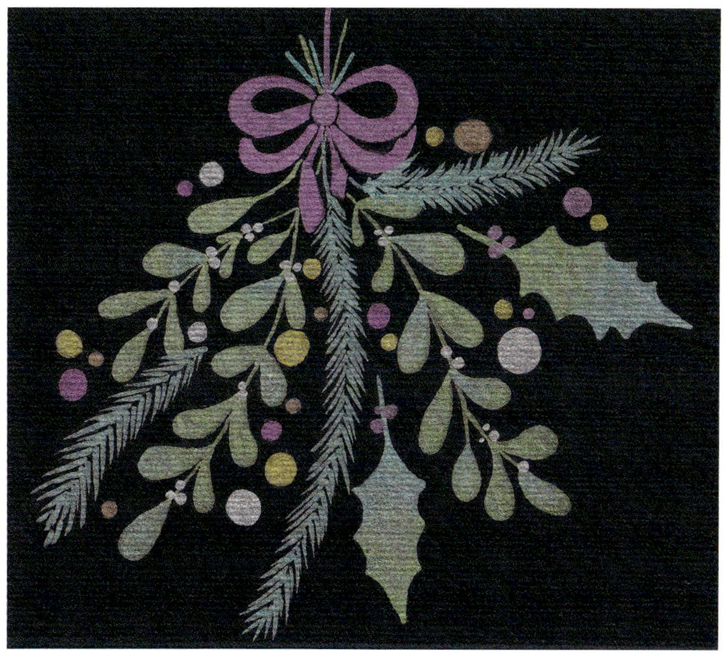

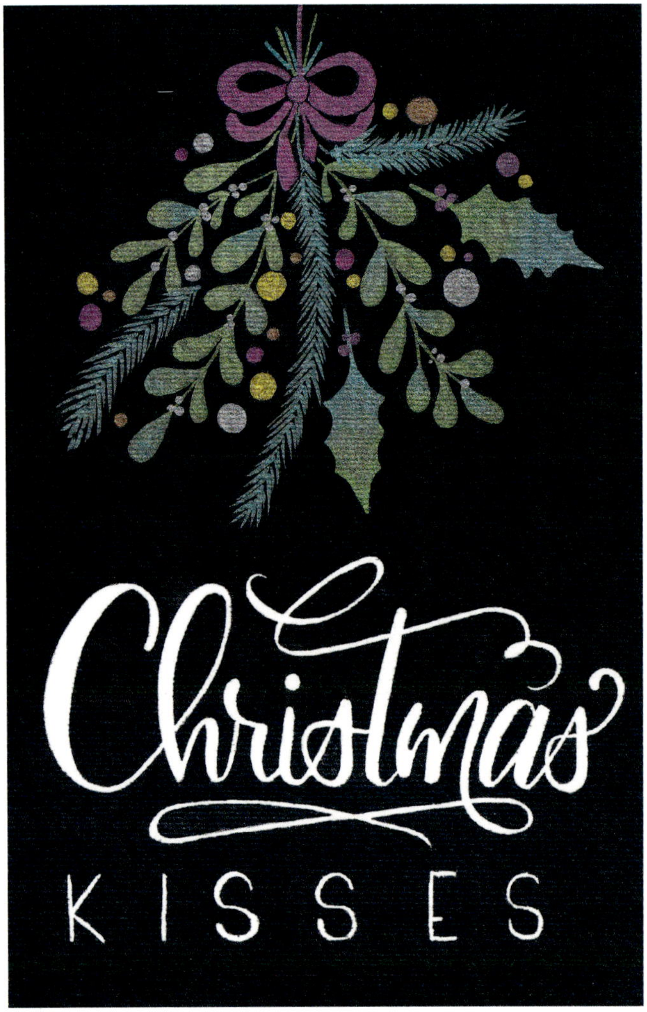


4. Jetzt schreibst du dein Lettering unterhalb deiner floralen Illustration auf deine Karte.

5. Diese Karte wirkt auch sehr schön mit anderen Weihnachtsgrüßen, wie z. B. „Frohes Fest“ oder einem einfachen „Ho Ho Ho“.
Deine Metallic Brush Pens müssen komplett trocken sein, erst dann kannst du die Vorzeichnung wegradieren.

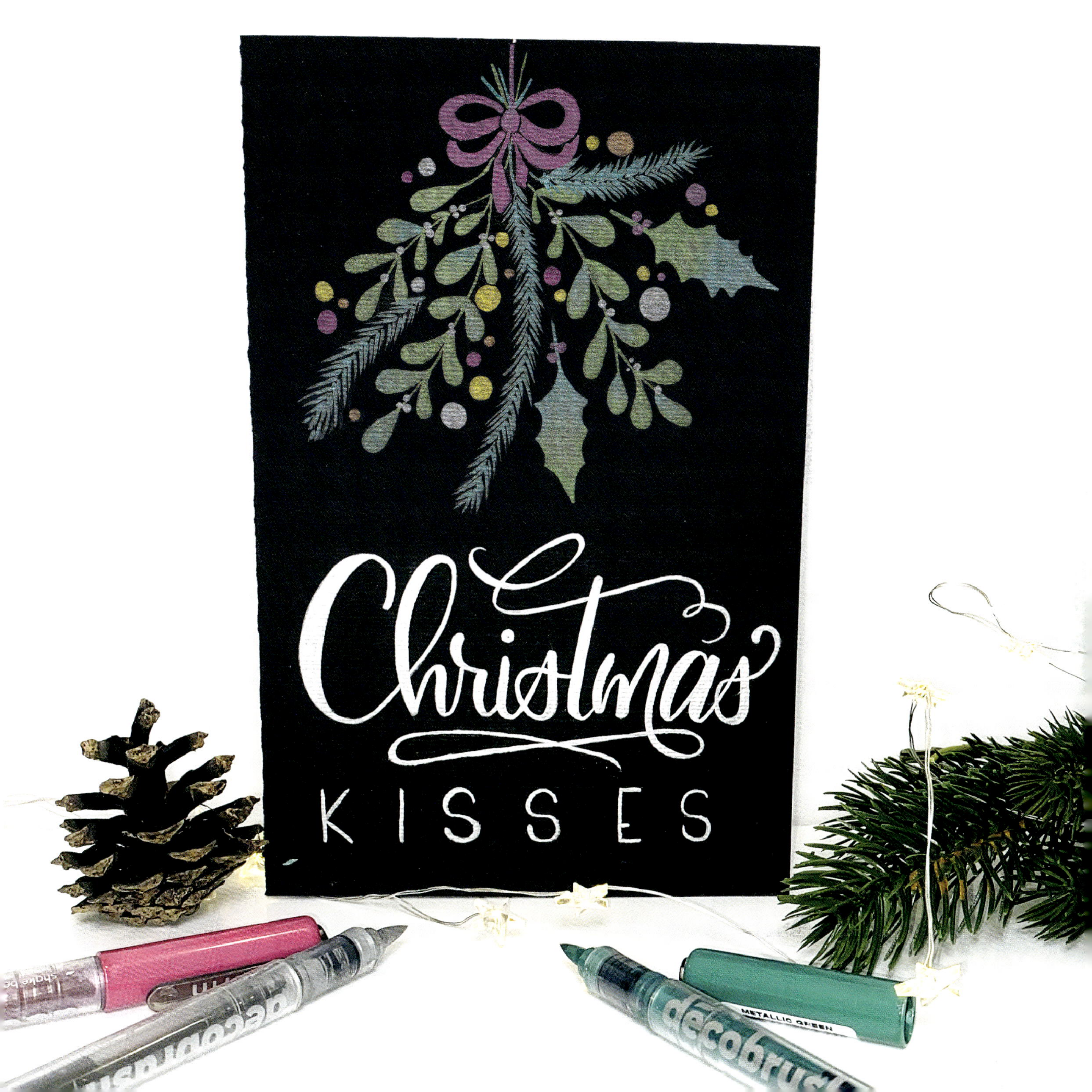
Christmas
KISSES
decobrush
METALLIC GREEN

# Nachwort

Am Ende dieses Buches möchte ich dir dafür danken, dass du dieses Buch gelesen und hoffentlich viele nützliche Tipps und neue Ideen daraus gewinnen konntest. Das Schöne an Kreativbüchern wie diesem ist ja, dass man alle Projekte beliebig erweitern, Techniken miteinander kombinieren und neue Ideen daraus generieren kann.
Mein besonderer Dank gilt meinen Eltern, Anne Brozies sowie Britta Sopp und Tina Bungeroth von ZweiKonzept GbR.
Dieses Buch habe ich mit freundlicher Unterstützung der Firmen Tombow Pen & Pencil GmbH, Hahnemühle FineArt GmbH, STAEDTLER Mars GmbH & Co. KG, Johann Froescheis Lyra-Bleistift-Fabrik GmbH & Co. KG, Canson SAS, Skullpaper, STABILO International GmbH und edding International GmbH umsetzen können.

## Impressum

Illustrationen und Fotos: Nina Rötters
Verantwortlich: Maria Möllenkamp
Lektorat und Produktmanagement: ZweiKonzept GbR
Layout: Michael Feuerer
Umschlaggestaltung: Leeloo Molnár
Repro: LUDWIG:media
Herstellung: Kathleen Baumann
Printed in Slovenia by Florjancic

★★★★★

Sind Sie mit diesem Titel zufrieden? Dann würden wir uns über Ihre Weiterempfehlung freuen. Erzählen Sie es im Freundeskreis, berichten Sie Ihrem Buchhändler oder bewerten Sie bei Onlinekauf. Und wenn Sie Kritik, Korrekturen, Aktualisierungen haben, freuen wir uns über Ihre Nachricht an:
Christian Verlag, Postfach 40 02 09, D-80702 München
oder per E-Mail an lektorat@verlagshaus.de.

Unser komplettes Programm finden Sie unter

www.christophorus-verlag.de


In diesem Buch wird aus Gründen der besseren Lesbarkeit das generische Maskulinum verwendet. Weibliche und anderweitige Geschlechteridentitäten werden dabei ausdrücklich mitgemeint, soweit es für die Aussage erforderlich ist.

Die Deutsche Nationalbibliothek verzeichnet diese Publikation in der Deutschen Nationalbibliografie; detaillierte bibliografische Daten sind im Internet über http://dnb.d-nb.de abrufbar.



ISBN: 978-3-86230-426-4

# Ebenfalls erhältlich ...

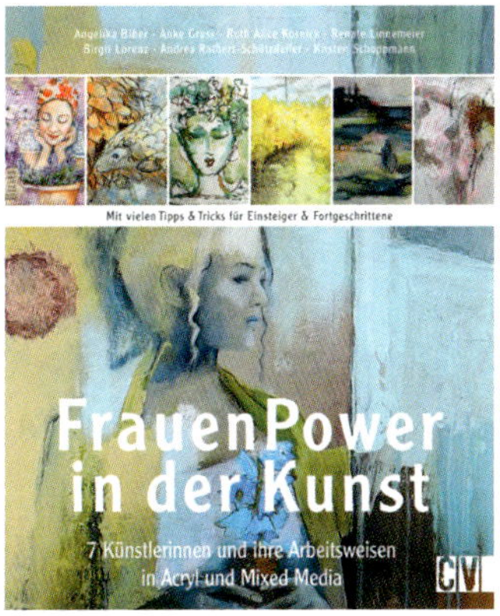


ISBN 978-3-86230-425-7

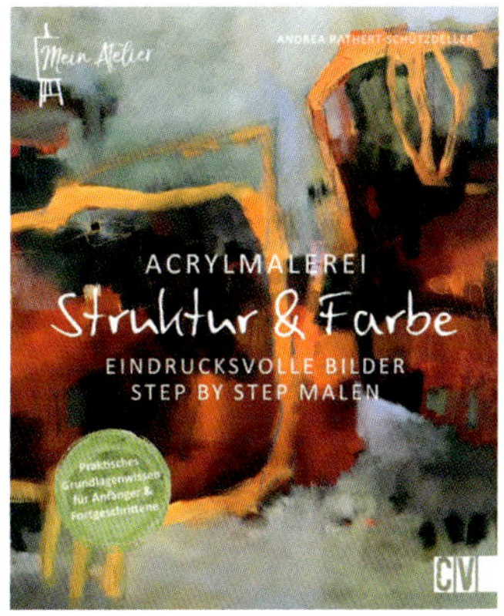


ISBN 978-3-86230-429-5

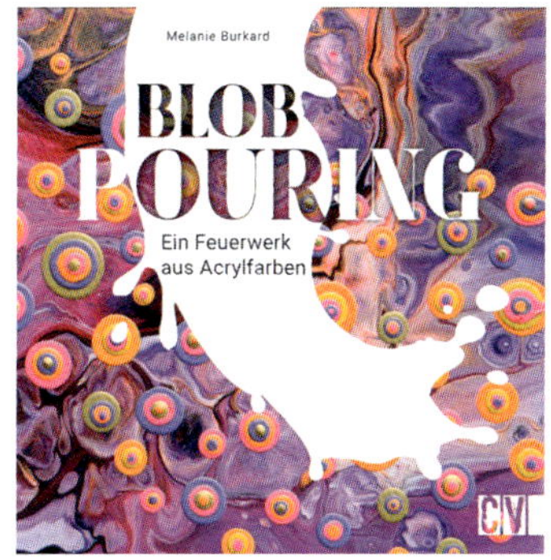


ISBN 978-3-86230-422-6

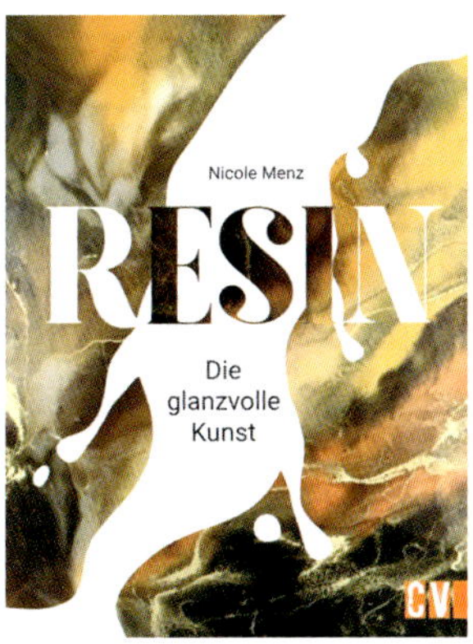


ISBN 978-3-86230-421-9

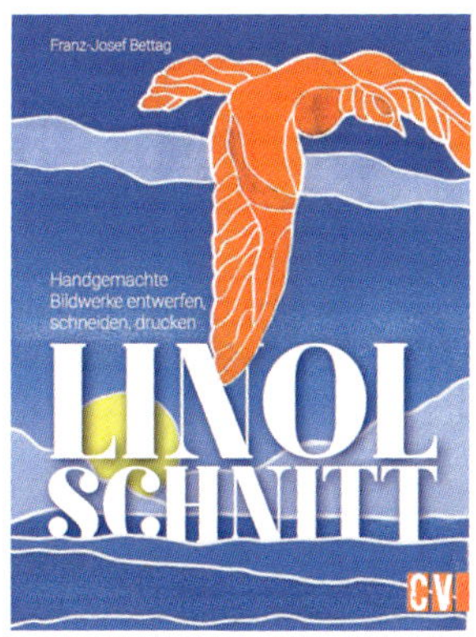


ISBN 978-3-86230-417-2

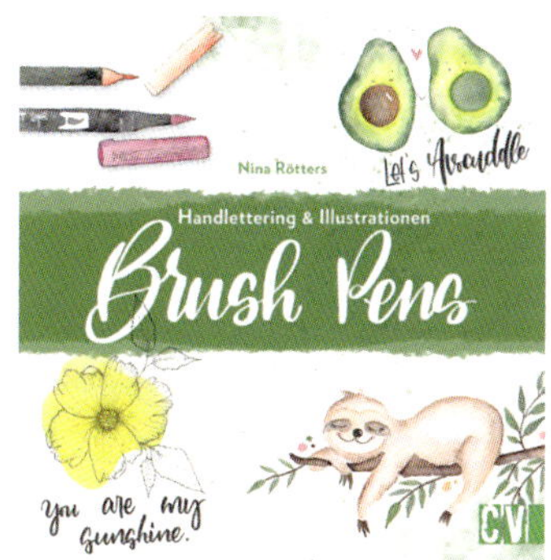


ISBN 978-3-86230-426-4

CV

www.christopherus-verlag.de

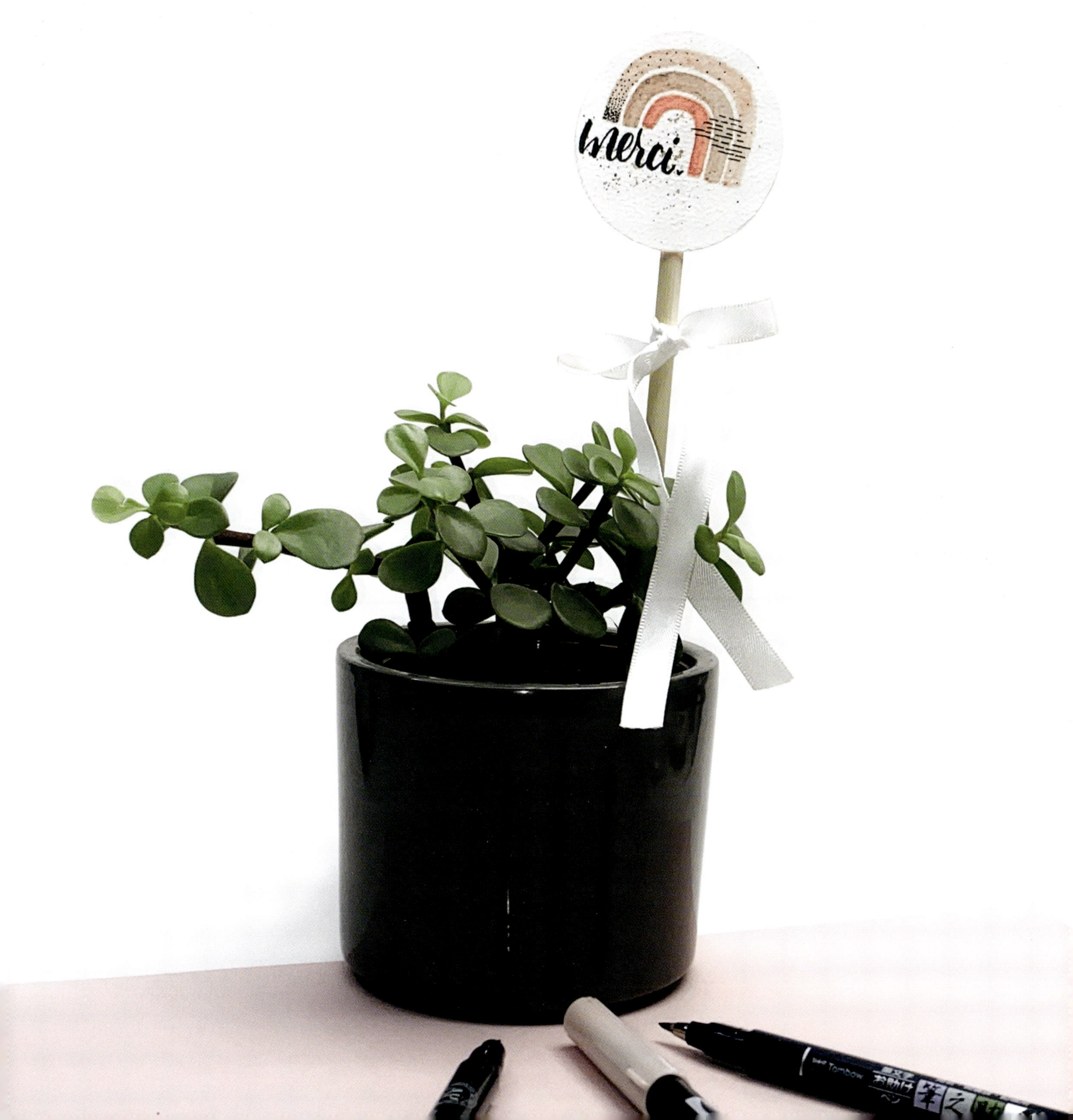
merci.

# Hell auf Dunkel

Die meisten Letterings fertigt man auf weißem Papier an, dabei wirken Letterings mit weißer Schrift auf schwarzem Papier auch wirklich spannend. Sie sehen fast so aus, als hätte man auf eine Tafel gelettert. Gerahmt sieht dieses Lettering am Esstisch oder in der Küche besonders schön aus!

## Du brauchst:

- Papier in Schwarz
- Bleistifte in 6B & 2H
- Brush Pen in Weiß
- Radiergummi

## So geht's:

1. Zeichne dein Lettering auf einem weißen Papier vor und übertrage es mithilfe der Transfertechnik sorgfältig auf dein schwarzes Papier. Wenn du sehr sicher im Vorzeichnen bist, kannst du natürlich auch direkt auf das schwarze Papier zeichnen.

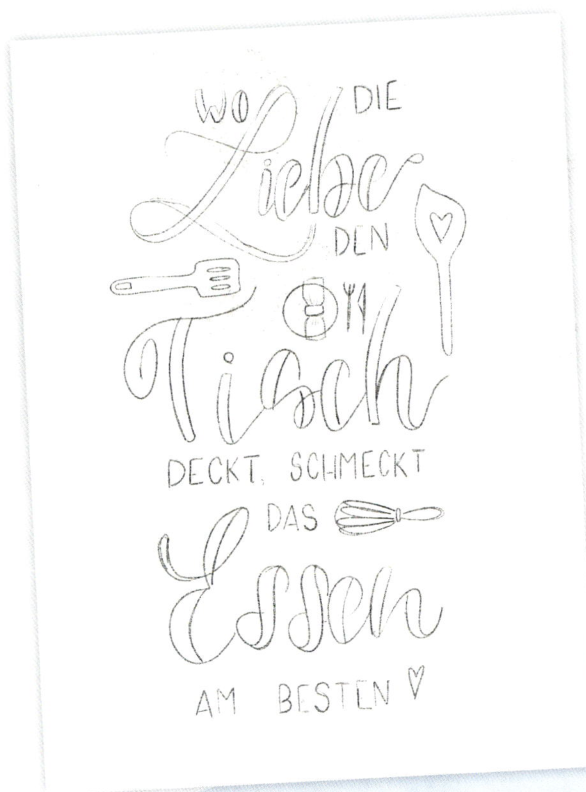